多文化共生
人が変わる、社会を変える

松尾 慎 [編著]

山田 泉
田中 宝紀
加藤 丈太郎
飛田 勘文
[著]

にほんごの凡人社

はじめに

松尾慎

1 「多文化共生」をめぐる社会的背景

　2018年の新成人に関し、東京23区では8人に1人が外国籍の若者だったこと、新宿区では45.7％、豊島区でも38.3％が外国人だったことが報道されました。日常的に日本の多文化化に関心を寄せている人や関連する活動をしている人の中にもこの数字に驚いた人が少なくないのではないでしょうか。

　2017年10月現在、日本で働く外国人労働者は127万8,670人（前年比18％の増加）で統計を取りはじめた2008年以降最も多くなったそうです。在留資格別では日系人や日本人の配偶者などが45万9,000人、留学生が25万9,000人、技能実習生が25万7,000人で、留学生は前年比でおよそ24％増加しています。留学生と技能実習生が日本で働く外国人労働者のそれぞれ約20％を占めています。「留学生が労働者？」と疑問を持つ読者もいることでしょう。コンビニや飲食店で外国人の従業員の姿を見かけることが多くなりましたが、宅配便など物流の現場でも多くの留学生がアルバイトとして労働しています。

　本来は勉学を目的に日本に在留する留学生が外国人労働者の20％を占め、また、就労ではなく実習を目的に在留する技能実習生も20％を占めているのはなぜでしょうか。それは単純労働への就労を目的とする在留資格が認められていない日本において、現実的には、単純労働の労働者不足を留学生や技能実習生が補塡しているという構造が存在しているためです。人手不足の産業をこうした人々が支えているのが実情です。

　技能実習制度は、外国人が日本の企業や農家などで働いて習得した技術を母国の経済発展に役立ててもらう目的で1993年に創設された制度です。しかしながら、「実習」という名のもと低賃金・重労働の仕事に就き、残業代の未払いやパスポートの取り上げといった人権侵害が存在することも多々、報道されています。技能実習生になるために多額の保証金を払っているケースがほとんどで、もし中途帰国した場合、保証金

iii

は戻らず多額の借金が残ります。こうした事態を改善するため技能実習法が2017年11月に施行されました。この法律は技能実習生の人権を保護することが目的になっており、優良な実習実施団体で実習を行う技能実習生の場合、これまでの3年間から最長5年間まで実習期間を延長することが可能となりました。この技能実習法が実習生の生活を真に守るものとなるか注視していく必要があります。

　一方で、日系人（日系ブラジル人が最も多く在留している）は、通常、「定住者」もしくは「永住者」という在留資格を持っており、自由に職業を選択することができますが、単純労働の非正規雇用である場合が多く、2008年に起こったリーマンショックの際には多くの日系人がその職を失いました。つまり景気の調整弁としての役割を担わされていると言えます。また、日系人や日本人の配偶者として日本に在留している人の場合、長期的在留、あるいは永住になる場合が多く、子どもの教育問題が発生します。日本語の習得や教科学習、母語保持など多くの課題があり、不就学の割合の高さ、高校進学率の低さや中退率の高さが問題となっています。

　2017年末の在留外国人数はついに日本の総人口の2％を超え、2025年には介護人材が37.7万人不足するとの推計を背景に[※1]、2017年11月から技能実習生制度にも介護職種が追加されました。さらにこの「はじめに」を執筆している現在、いわゆる「骨太の方針」に盛り込まれた外国人労働者を増やすための新たな在留資格の創設、入国在留管理庁の新設、日本語教育振興基本法成立に向けた動きなどが日々、報道されています。こうした社会的状況の大きな変化に伴い、今後、ますます在留外国人の絶対数と割合が増えていくことが見込まれます。ここにわたしたちが日本における「多文化共生」を批判的に問いなおし、その実現に向けた一歩を踏み出す意義があると考えます。

※1　厚生労働省HPより　http://www.mhlw.go.jp/stf/houdou/0000088998.html　（2018年6月4日検索）

2 「多文化共生」を問い直す、そして日々の一歩

　2017年に日本語で出版された書籍の中で「多文化共生」がタイトルに含まれているものは約10冊に及んでいます。また、CiNii（論文、図書・雑誌や博士論文などの学術情報が検索できるデータベース・サービス）で検索をしてみると、2012年から2018年4月までに、論文タイトルに「多文化共生」が含まれたものが1,701件ありました。もし、この社会で多文化共生が実現されていれば、多文化共生をテーマとする書籍や論文がこれほど多く流通することはないでしょう。多文化共生の実現が求められていることを示すとともに、現実にはまだ実現の途上にあることを示しているように思えます。

　わたしたちは、日本社会を真の多文化共生社会にするためにここにもう一冊、多文化共生をテーマにした本を世に問いたいと考えました。真の多文化共生社会とは何なのか、めざすべき姿はどんなのものなのか、再考したいと思っています。本書の第一部で山田が述べているように、「多文化共生」の実態を明らかにし、現状において十分「多文化な社会」を、実態としてあらゆる人々が対等・平等に参加できる社会にしていきたいと思います。そして、そのような社会が実現したときの社会のありようを多文化共生と呼ぶのではないかと考えています。

　本書の特徴を2点、挙げます。1つは執筆者の構成です。本書の著者である5名全員が多文化共生社会の実現に向けた実践の現場を持ってきました。本書の第1部において、「多文化共生社会」に関し批判的な再考を試みている山田泉は、日本語教育と多文化教育を専門としています。大学での教育、研究の他に、地域ボランティアとして外国につながる子どもへの支援、結婚移住女性とその子どもたちのエンパワーメント活動への参加など常に現場での実践活動を続けてきました。そして、第2部の執筆者は田中宝紀、加藤丈太郎、松尾慎の3名です。田中は、NPO法人青少年自立援助センター定住外国人子弟支援事業部責任者であり、海外にルーツを持つ子どもと若者の学習と就労を支援しています。また、ニュースサイトへの寄稿やSNSを通じて発信も積極的に行っています。加藤はNPO法人APFSにおいて13年間、非正規滞在者の支援に取り

組んできました。現在は博士後期課程で研究活動を行いつつ大学で多文化教育などの授業を担当しています。松尾は大学で日本語教員の養成を担当しながら、毎週末、難民との日本語活動のコーディネーター、ファシリテーターを務めています。また、多文化社会専門職機構（TaSSK）から多文化社会コーディネーターとして認定を受けています。そして、第3部の執筆者は飛田勘文です。イギリスで演劇教育を学んだ飛田は、言語的・社会的・文化的差異がある中での芸術によるコミュニティの形成をテーマとした実践と研究を行ってきました。障害児を対象とした参加型演劇の演出も手がけています。以上のように多文化共生社会の実現をめざしてきた5名が、「多文化共生社会」について再考した点に本書の特徴があります。

　もう1つの特徴は、本書が「多文化共生」についての対話を、それぞれの現場で実践に携わる者の間で積み上げていくことを意図するものであるという点です。執筆者間の対話として、第1部では日本語教育、多文化教育などを足場に多文化共生の実現を志向する実践に長年関わってきた山田から「多文化共生再考」をテーマにしたメッセージが述べられ、それを主軸に第2部から第3部がつづられていきます。第2部では、山田のメッセージに他の執筆者（加藤・田中・松尾）がそれぞれの立ち位置から応答します。さらに山田が各論文に対する応答を述べています。つまり、往復書簡のような形式を採っています。第3部は、演劇教育を専門とする飛田による論考です。飛田は第1部と第2部を受け、「日本の中で暮らす外国にルーツを持つ人々の希望とは、そして彼らと日本の人々が共有可能な希望とはどういったものか」をテーマに演劇活動をデザインしました。第3部はその演劇活動を中心に構成されています。この演劇活動の振り返りの時間に飛田は「見えないものを見る、要するに身体で目の前で表現できるんなら、それをリアリティに反映できるはずだっていうのを1つの信念に置いています」と語りました。飛田が希望ある多文化共生社会のあり方をどう見たのかぜひともお読みください。本書企画のきっかけとなった2017年8月の第35回開発教育全国研究集会では、本書の執筆者らにより「『多文化共生』と日本語教育—批判的

視点から考える」という分科会が開かれました。学校教育関係者、市民活動家、学生など多様なバックグラウンドを持つ参加者全員が車座になり、ゲストの語りを聴く活動を行った後、グループに分かれて、飛田をファシリテーターとした演劇活動を行いました。演劇を取り入れた理由は、ゲストの語りの内容を参加者の日本語教育や多文化共生の経験と結びつけて考えてもらうためでした。分科会への参加者の1人は、そのときの活動を振り返り、以下のように述べています。

　　その前も、すでに出版されている書籍やさまざまなメディアで語られる「多文化共生」にどことなく違和感を感じてはいました。そのちょっとした違和感を「痛み」のように強く感じることができたのが演劇の活動を通してだったのだと思います。それまで他人事であった「多文化共生」とその課題を、あの1日で自ら体感することができたんだと思います。

　その後、後続のワークショップとして実施された「多文化共生の希望を探る」では、海外ルーツの高校生、留学経験を持つ日本人大学生、留学生（中国やメキシコ出身者）、NPO職員、演劇専門家、演劇を授業活動に取り入れている日本語教師、海外駐在経験・留学経験を持つ学校事務職員、そして執筆者などが参加しました。より多くの人々と協働構築的に対話を重ねること、それ自体が、多文化共生に向けた取り組みであると言えるでしょう。

　「多文化共生」の実現に向けた方策としては、緊急対応とともに社会変革をめざした長期的取り組みが必要となります。先ほど取り上げた「骨太の方針」や出入国在留管理庁の新設などの政策が社会変革をもたらすのか、そこは注視していく必要があるでしょう。また、取り組みの主体は政府や各省庁、地方自治体だけではなく、NPOや市民団体、教育機関、各個人などさまざま挙げられます。また、取り組みの中で得られたこと、学んだことを社会に発信していくことが重要です。本書もそうした発信活動の1つであると考えています。こうした一つひとつの発信の試みが

変化を生み出すきっかけとなることを願っています。ただし、それは本書の出版を持って完結したわけではありません。具体的に言えば、本書を手に取ってくださった読者の皆さんとの協働実践を考えています。まずその一歩として何らかのワークショップを企画し実行しようと思います。さらにそうしたイベントだけではなく、日々の積み重ねをより多くの仲間と分かち合おうという思いを持っています。どのように展開できるかそれはまだわかりません。ただ1つ言えるのは日々の一歩の大切さ、それだけです。

目次

第 1 部 「多文化共生社会」再考（山田泉） 3

第 2 部

1 章 「多文化共生」と子どもたち
　　　―子どもたちが希望ある未来を迎えるために―（田中宝紀）… 53

　　　▶「『多文化共生』と子どもたち」を読んで、
　　　　　　　　　わたしなりの意見（山田泉） 66

2 章 多文化教育が拓く多文化共生
　　　―日本に暮らす非正規滞在者の視点から―（加藤丈太郎）… 69

　　　▶「多文化教育が拓く多文化共生 ―日本に暮らす非正規滞在者の
　　　　視点から―」を読んで、わたしなりの意見（山田泉） 81

3 章 社会を拓く多文化共生　　―壁と希望―（松尾慎） 85

　　　▶「社会を拓く多文化共生　　―壁と希望―」を読んで、
　　　　　　　　　わたしなりの意見（山田泉） 103

第 3 部

1 章 多文化共生と演劇ワークショップ　―理論と実践―
　　　　　　　　　　　　　　　　　　　　　　（飛田勘文）…109

2 章 演劇ワークショップ
　　　「希望のある多文化共生社会を探る」（飛田勘文） 131

執筆者プロフィール　157

演劇ワークショップ参加者一覧　160

ix

第 1 部

第	「多文化共生社会」再考
1	
部	山田泉

はじめに

　第1部では、多文化社会である日本において「多文化共生」をめざすとしながら、現実にはそうなっていず、むしろ耳障りのよいこのことばによって外国人等のマイノリティを、その人権を無視しながらも、この社会のためにしっかり利用している実態を隠蔽（いんぺい）していることを確認し、真の「多文化共生」社会の創造に向けてわたしたち日本語教育関係者をはじめとしてホスト社会のすべての人々がすべきことを考えたいと思います。

　日本社会では、いわゆる「少子高齢化」による生産年齢人口[※1]の減少に対処すべく、これまで採ってきた「単純労働」に従事する外国人労働者を受け入れないという政策を転換すべきかどうかという議論が起こっています。一方現実に目をやれば、2016年には、外国人の労働人口が100万人を超え最多人数の更新を続けています。これは、現政権は実質的に外国人の労働力に頼りながらも、建前では外国人労働者に頼らないという国家政策を堅持しているということです。これによって、実際、日本で働いているこれら外国人労働者は、日本人等と比べての賃金水準ばかりでなく、人として必要な最低

※1　生産に参加する労働者となり得る者の数を年齢で区切って定めたもので、15歳以上、65歳未満の人口を言います。日本は、1995年に8,717万人だったものが、1996年から減少に転じ、社会保障・人口問題研究所によると、2050年には5,000万人を下回ると推計されています。これによって1人の高齢者（65歳以上）を何人の生産年齢人口の者が支えるかという問題が議論されています。

限の生活基盤の保障がないまま、人権がないがしろにされています。日本は、「先進国※2」と言われる国家でありながら、これらマイノリティを隷属させ搾取するという恥ずべき事態にあると言われてもしかたがないでしょう。

これら外国につながる人々の社会参加にとって必要不可欠な日本語の習得という面を考えると、その提供主体である「日本語教師」集団等の関係者が蓄えてきた知見には大きなものがあります。そして、日本政府も日本語習得が重要だという視点では共通しています。それにもかかわらず、この国はこれまでの移住労働者受け入れの重要事項の1つである日本語教育のあり方の議論に、「現場」の第一線で取り組んできた日本語教育関係者を関与させることはほとんどありませんでした。そして、経済関係行政機関や経済団体および経済分野の学者等による「机上の空論」で日本語教育関連政策が決まるということが続いてきました。日本語教育現場は、行政施策の下請けとして、「言われたことをやっていればよい」という、まさにマイノリティとしての立場に置かれてきました。これに対し一部の日本語教員は、目の前の学習者の日本社会での社会参加を強く願いながらも、自らの力の及ばない状況に忸怩たるものを抱きつづけてきたのだと思います。一方多くの日本語教員は、この下請け体質について、自らの境遇を不満にこそ感じても、移住労働者やその家族等の「人権」にまで思いいたすことはなかったか、あるいはあっても問題だとして声を上げようとはしてこなかったのだと思います。

その結果、移住労働者は人としてこの社会で生きていく上でことばの問題に苦しみつづけ、結果として自らや家族にとって十全な社会参加の道が見いだせないことが多かったと思われます。その子どもたちにおいては、日本語の問題も、さらには「母語」の問題も含め、将来の日本や母国における十全な「社会参加」に向けて、大きなハンディキャップを抱えてきました。

この移住労働者やその家族の社会参加の問題には、わたしを含め、ともにこの社会で自己実現の過程を歩む存在である日本語教員等日本語教育関係者

※2　どの国をして「先進国」とするかという唯一の規定はありません。通例、経済開発協力機構（OECD）加盟の34カ国（2016年現在）を指すことが多いようです。日本の外務省も「（OECDを）先進34カ国からなる国際機関」としています。http://www.mofa.go.jp/mofaj/gaiko/oecd/gaiyo.html（2017年11月30日検索）。

の責任は小さくないと考えます。

　日本語学習者は、日本社会にあって「マイノリティ」の立場を余儀なくされてきました。日本社会は、これらマイノリティの人権を保護・保障する社会であるべきだと主張すると、一部の人々から「逆差別だ」とか「反日だ」というような意見が出ることすらあります。また、「外国人」等マイノリティとされる人々のなかでも男性が女性に対し人としての権利を制限している事例があるなどとして、「差別はどこにでもあるのだからしかたがない」とされたりします。

　これまでの政権も含め、この国では、マジョリティ側がマイノリティを利用するだけ利用し、同じ社会に生きる人として必要な社会保障面での保護にはほおかぶりを決め込んでいるようにすら思えます。それを許しているのは、よりマジョリティの側がよりマイノリティの側に対し「差別する自由」を容認することでしかありません。

　「自由」という概念には2つあって、制限なく何事をも許容する「自由」もある反面、マイノリティが被抑圧、被差別という立場から解放されるという「自由」もあります。前者の「自由」に対し、後者の「自由」は、明らかにより尊重されるべき「自由」です。人として、成熟した民主主義をめざす上で、後者の「自由」を共有する社会をつくることが必要なのではないでしょうか。

　そして、これら日本社会、日本人側に対しての異議申し立ての声を、当事者である日本語学習者とともに、すべての日本語教育関係者も上げていき、マジョリティを動かし、社会を変えていくために努力していくことが必要です。

　日本社会において日本語学習者がマイノリティであるということは、彼／彼女たちに関わる日本語教育関係者もマイノリティだということです。もちろん、日本語教育関係者間でもよりマジョリティの者と、よりマイノリティの者がいるわけですが、すでに市民権を得ている他のマジョリティ分野が「日本語教育」を見る視線はすべからく「素性のわからないもの」を見るものだと感じられます。それだから、上で言及したようにこの国の日本語教育施策においては「下請け」に甘んじてきたわけです。しかし、マイノリティの問題はマイノリティ当事者が主体となってその改革の必要性を社会に気づかせ

ていかなければなりません。それは、障碍者問題、被差別部落問題、ジェンダー問題、人種問題、先住民問題など、多くのマイノリティ問題における取り組みとも共通するものです。

　わたしたち日本語教育関係者もともにマイノリティとして学習者と一緒に声を上げていきたいと考えます。

　現在語られている「多文化共生」の実態を明らかにし、現状における「十分多文化な社会」を、実態としてあらゆる人々が対等・平等に参加できる社会にしていきたい。「多文化共生」とは、そうなったときのその社会のありようを言うのです。

1　「多文化共生」ということば

　「多文化共生」ということばにわたしがはじめて接したのは、1993年の大阪大学関係者の勉強会で、当時同大学言語文化部教授の田中望さんの指摘[3]によると記憶しています。田中さんは建築家の黒川紀章の著書『共生の思想―未来を生きぬくライフスタイル―』で、「共生」という概念に接し、生物学等で言う「共棲」と近い概念として、移民[4]等とホスト社会が互いに相手に

---

[3]　当時、田中望さんを中心に大学院生や教員など大阪大学関係者等によってつくられた勉強会で、日本語を「学ぶ・教える」という関係性がどのようであるべきかという議論の中で示された概念だったと記憶しています。

[4]　「移民」という語について国連人口部は、正式な定義はないとしながら、1997年に当時の事務総長が国連統計委員会に提出した報告書中の記述を受けて、「出生あるいは市民権のある国の外に12カ月以上いる人」としています。国際移住機関（IOM）は、「国際（国境を越えた）移民の正式な法的定義はありませんが、多くの専門家は、移住の理由や法的地位に関係なく、本来の居住国を変更した人々を国際移民とみなすことに同意しています。3カ月以上12カ月未満の移動を短期的または一時的移住、1年以上にわたる居住国の変更を長期的または恒久移住と呼んで区別するのが一般的です。―国連経済社会局」としています。http://www.iomjapan.org/information/migrant_definition.html（2017年11月30日検索）。本稿では、「移民」ということばの一般的解釈が「他の国からその国に生活の拠点を移した人々」といった意味合いがあり、留学生や駐在員などを含まないと考えられることが多いので、「移住外国人」や単に「外国人」などと言っています。ただし、「外国人」ということばも国籍のいかんから本人の意識等までさまざまに影響し使いにくいことばです。日本では、対になる「内国人」という言い方はほとんど使われず、対概念が「日本人」であり、こちらも定まった定義がなく使いにくいです。ここでは、慣用にしたがって定義せず使っています。

よって恩恵を受ける関係を築くべく取り組んでいる状態が「多文化共生」だとする見解を示しました。

その後、わたしもこの「多文化共生」ということばを、移民等がホスト社会に一方的に適応していくのではなく、ホスト社会も移民等に適応していく「相互適応」の関係を示すものとして使っていました。ところが、2006年に総務省が多文化共生推進プランを策定したころから、「多文化共生」ということばがマスコミ等でも取り上げられるようになり、一般にも使われるようになると、このことばの解釈が人によって異なり多義的になっていきました。人によっては、まったく逆の概念をこの同じことばで表すまでになってしまいました。

確かに「多文化共生」はことばの上では、「文化」に焦点が当てられていて、文化の相違する者たちが同一集団内で「共に生き」ていく状況を言うように思われます。それはその通りなのですが、「文化」といった抽象的で柔らかな印象を与えるものだけでなく、「共生」については「社会」的な面がかなり重要な要素となります。それは人間の社会にはどこにでもある集団間の「社会的力関係」が強く影響するものだからです。つまり「多文化共生」は、文化的に相違のある集団間の社会的力関係をどうしたら対等・平等なものにし、「共に生き」やすい社会が築けるかを問うものなのです。その意味で、集団間の利害得失がからんだ、政治的駆け引きも含めた、ネゴシエーションが必要な世界なのです。

それゆえ、「多文化共生」ということばは、それを言う者がめざすべき社会のあり方をどう定義して言っているのかをしっかりと確認する必要があるのです。

1.1　1990年代の地域社会における「外国人生活者」の増加と対応

1990年に改正入管法（入国管理及び難民認定法）の施行があって、日系移民の三世（同伴の未成年四世を含む）までが、二世は「日本人の配偶者等」、三、四世は「定住」という、活動に制限のない在留資格での日本滞在が認められるようになりました。これは、バブル経済最末期のこの時期に、「単純労働に従事する外国人を認めない」とするこの国の建前を維持しつつ、製造

業等の人手不足を補うという秘策でした。さらには、バブルがはじけた後の1993年には「外国人技能実習制度」が導入され、「労働」ではなく「技術研修」の在留資格で、研修手当という最低賃金法に触れない低賃金の「労働力」を手に入れるに至りました。

　また、この時期は、日本の農山漁村で跡取りの嫁不足が深刻になり、主に東アジアや東南アジアからの嫁を迎えることが始まりました。それには、仲介業者だけでなく自治体存続の危機感を募らせた行政が直接出かけていって嫁探しをすることもありました。そんなわけで、1980年代前半からの「インドシナ難民」と「中国帰国者」の定住、定着に加え、いわゆる「外国人生活者」が急増していった時期でした。

　これら「外国人生活者」は、労働者や嫁であるだけでなく「生活者」でもあるわけです。スイスの作家マックス・フィリッシュが言ったように、「労働者を呼んだはずなのに来たのは人間だった」のです。その人たちが生活するために必要な社会的サービスは、その社会で生きるすべての人と同様です。そのサービスは社会が保障すべきものであるのは当然のことです。

　そしてこのサービスの1つに、これらの人々が日本社会で不自由なく生活できるための「ことば」に対応すべき事柄があります。まず、これらの人々が母語で最低限の生活ができることが求められるでしょう。自らや家族の健康で安全な暮らしを保障する衣（医）・食・住環境が必要です。そのため自治体の中には、『生活便利帳』などと名づけた生活情報をまとめた冊子を多言語で作成、配付しているところも見られます。それにも関連し、曜日や時間ごとにいくつかの言語で生活相談を行う取り組みも見られます。また、数はごく少ないのですが、いくつかの自治体では国際交流協会などがボランティアの協力を得ながら多言語医療通訳システムを作っています。一部ながら、そして完全とまでは言えないながら、いくつかの自治体でこのような多言語によるサービスが取り組まれはじめました。

　それと日本語が学べる取り組みも始まりました。自治体の国際交流協会や教育委員会の社会教育、生涯学習の部局が主催し、国際交流センターや公民館などで行う「日本語教室」、またボランティア団体などがさまざまな形態で取り組む「日本語教室」が1990年代に入ると次々に開設されました。し

かし、前者の公的機関が主催する日本語教室であっても実際に学習者に対応するのはボランティア等のことが多いというのが現状です。

これら地域の日本語教室において行われてきた議論が、日本語教室の目的は何かというものでした。その典型が、次のA、Bのような2つの「対立的」意見です。

　　A：ボランティアでも日本語教育の専門性を身につけ、学習者がい
　　　　かにしたら効率的に適切な日本語の運用能力が習得できるかに
　　　　責任を持つべきだ。
　　B：ボランティアと学習者は、双方とも相手から学んだり、相手と
　　　　ともに学んだりして、自分たちが住んでいる地域を共生社会に
　　　　することをめざすべきだ。

以前、わたしはある論考（山田 , 2002, pp.125-127）で、地域における日本語学習・支援活動には「二つの異なった目的があり、二つの異なった形態・機能のものが必要だ」と述べ、それは次の2つだとしました。

その1は、「社会への参加を目指した言語習得（補償教育※5）」であり、その2は、「社会の変革を目指した相互学習（社会教育）」だとしました。このうちその1は「行政など責任を持って取り組むことが可能な機関による、一定程度以上の質と量を備えた教育である必要がある」が、「まったくといってよいほど不備」だと指摘しました。

ここでは、これらの意見について検討するものではないので、本題に話を戻します。

上の「B」や「その2」のような立場を採るとすると、移住者側もホスト社会側も「ともに学ぶ」という関係であり、「学ぶ ― 教える」という関係が一

※5　英語の「Compensatory Education」に当たる日本語で、補い、償うために行う教育という意味です。もともとは、義務教育を学齢期に受けることが保障されている社会にあって、何らかの理由でそれがなされなかった場合、その人が成人してから当該社会が償いとして基礎教育を提供すること（成人基礎教育）を言ったものです。ここでは、本来社会が移住外国人の母語で不自由なく生活できるようにすべきところそれができない代わりに、社会の主流言語である日本語を学習する機会を保障するというものです。

方向ではなくなります。そして、関係の用語についての議論も活発になっていきました。「『先生』、『生徒』ではいけない」「『学習者』と『支援者』ならよいのか」「『共同学習者』と言ってはどうか」「『日本語学習支援』もおかしい」でも「『日本語活動』だとやっていることがわかりにくい」……等々、さまざまな議論が続きました。

そして、この相互性を表すより広い概念として「多文化共生」という視点が持ち込まれ、この視点の解釈をめぐる議論が起こっていきました。わたしも、「多文化共生」ということばを使い、日本社会においてそれをめざすことの重要性を訴えるようになりました。

1.2 「多文化共生」と適応概念の変化

1990 年代前半の外国人生活者に対する「地域日本語教育[6]」に関わる者たちが「多文化共生」ということばを使い出したときからこのことばは、十分に抽象的で曖昧でした。しかし、上で指摘したように、「社会の多文化化に対応し、多様性を尊重し、多様な人たちが対等・平等に参加できる社会にする」という目標を示すことばであったことは間違いないと考えます。つまり、めざすべきは、外国人移住者を今ある日本社会に適応させるという一方的矢印ではなく、今ある日本社会を外国人移住者に適応した社会に変えるというもう一方の矢印を含めた「双方向の適応」だとするものです。外国人移住者だけが変わるのではなく、ホスト社会側をどのように変えていけば誰もが社会参加できるのかを問い、変えていこうとする姿勢がありました。

日本社会一般で、「多文化共生」ということばが使われるようになるのは、これよりさらに 10 年ほど後になったと思います。とりわけ、2006 年 3 月に総務省が自治体等に対し、「多文化共生の推進に関する研究会報告書」および「地域社会における多文化共生推進プラン」を示した頃には、マスコミなどもこのことばを使うことが多くなっていきました。総務省は前者で「本研究会においては、地域における多文化共生を『国籍や民族などの異なる人々

---

[6] 文化庁の用語で、地域社会において、「外国人生活者」(この用語も 2007 年に政府によって用いられた)に対して行われている日本語学習を支援する活動全般を指すことば。

が、互いの文化的ちがいを認め合い、対等な関係を築こうとしながら、地域社会の構成員として共に生きていくこと』と定義」するとしています。この研究会の構成員の1人は、中央省庁で「多文化共生」ということばを冠した施策や研究会はおそらくこの総務省の取り組みがはじめてだろうと言っています。まさに中央省庁の取り組みに「外国人とともに生きる社会」を想定させたもので、画期的な出来事と言えるでしょう。

ところが、「多文化共生」ということばを、いまだ個人が使うことはないながらも、マスコミや自治体の広報、行政施策に関する会議等で見たり聞いたりすることが多くになるにしたがって、使われ方に大きな変化が出てきました。それは、日本語教育関係者の議論でも、地域の多文化共生を進めるためには、外国人住民が自らの意思や気持ちを的確に伝え、地域社会に受け入れられるように、日本語や日本の社会文化の学習を保障すべきだなどと言ったりすることです。つまり、「多文化共生」が使われ出したころの「社会を変える」という視点が消え、生活者としての外国人等を現状の日本社会に適応させることをめざしてこのことばが使われることが多くなってきたのです。

総務省の研究会の定義でも、地域社会において違いを持つ人と人に対する努力目標としての「多文化共生」という面への言及だけで、地域社会が変わることへの言及はありませんが、「報告書」や「プラン」の本文には地域社会の変容を推進する施策が示唆されています。

それでは、「適応」についてのこの変化は、いったい何に由来するものなのでしょうか。わたしなりに考えていることを 1.3 から 1.5 で述べました。

1.3　受け入れに当たって日本社会が移住者に求めている一方的適応

わたしは、日本人、日本社会側には、もともと「多文化」を受け入れたり、自分たち側が変わったりすることは想定せず、今ある日本社会に適応するなら外国人移住者を受け入れてもよいという意識しかないように思います。それは外国人に限らず、日本人同士でも外来者（よそから来た者）を受け入れたいとは思わないが、有力な、あるいは内部に、紹介者があるなどして、どうしても受け入れざるを得ない人なら、相手が今ある共同体の秩序にしたがうことを条件として受け入れることが多いことなどに見られます。そして、

数代先まで秩序を乱していないかチェックしつづけることもあるようです。

　わたしが生まれ育った関東地方の農村地域では、明治時代に北海道から移住してきた家族の屋号を「北海道」とし、2、30年前まで「村八分」までではないにしろ、「五分」くらいの付き合いで受け入れていました。この家が祭りでの分担などをうっかり間違えたりすると、大人たちが、「北海道だからしょうがないな」と言い合うのを聞いたことがありました。これらは、いわゆる「被差別部落」や「在日」の問題などともつながっていると思われます。明治維新以来、為政者が集団主義によって「社会の秩序維持」をめざし、学校教育などを通して、相互監視、連帯責任という方法によって学ばせ、強化してきた日本社会の「文化」なのだと思います。

　かつ為政者は教育によって、自らが遂行している植民地政策を、国民一人ひとりに担わせるために、維新当初は学ぶ対象であった欧米については、日本を含めアジアを植民地化する「敵」とする新たな「攘夷」論によって排斥し、アジアについては、日本が欧米から保護してやらなければならない弱くて遅れた存在だと教え込んでいきました。

　これら、明治維新以来、為政者が教育等を通じて国民に形成してきた「外国人は日本人と同じ『人間』ではない」という意識は、今なお多くの日本人の中に受け継がれていると言えるでしょう。それらが「外国人」に対する政治家の問題発言やヘイトスピーチ等、人権を無視した差別的表現行動として現れるのだと思います。

　そうであっても、130万人以上の日本人が海外で暮らし、約250万人の「外国籍」住民が日本社会で生活する現在[7]、多くの日本国民の意識がこのような「排他的」なものであることの矛盾に、国民自らが気づき、社会や為政者の姿勢を変えようとしないのは不思議なことではないでしょうか。わたしは、これも明治期からの為政者の「国民」の育て方によると考えています。

※7　海外在留邦人数：2017年10月1日現在、135万1,970人（外務省領事局政策課）https://www.mofa.go.jp/mofaj/files/000368753.pdf（2018年9月19日検索）
　　日本在住外国籍住民数：2017年12月31日現在、256万1,848人（法務省）https://www.e-stat.go.jp/stat-search/files?page=1&layout=datalist&toukei=00250012&tstat=000001018034&cycle=1&year=20170&month=24101212&tclass1=000001060399（2018年9月19日検索）

つまり、一般的には、明治維新によってそれまでの徳川幕藩体制の封建主義社会から立憲君主制の近代社会に変わったとされていますが、わたしは、政権が徳川幕府から薩長土肥・朝廷連合に変わっただけで、近代化をめざしたのは、「富国強兵」の軍事と「殖産興業」の経済だけで、「国民」の近代化はしないばかりか、「由らしむべし、知らしむべからず」で、「国民」に社会のあり方を考えさせず、できるだけ国家統治のあり方（ガバナンス）から遠ざけるための教育政策を採ってきたと考えます。それでも議会制なので政党を作るなどの動きが出てくると、内閣の力を強めて朝廷や薩長につながる主要な為政者のみによる密室政治化を進め、ついには長州の陸軍、薩州の海軍の軍国主義政権が社会を席巻するに至った歴史があるわけです。

　このように、国民の近代化を遅らせてきた伝統は、敗戦後の社会でも、アメリカによって一時的に「戦後民主主義」教育などが導入されても、民主主義社会において、国のあり方に責任を持つ主体である「主権者」をつくる教育はすぐに戦前の「由らしむべし、知らしむべからず」の教育に戻ってしまいました。そして、社会や国のあり方を考え、よりよいものに変えていく主体としての機能を果たさない、議員を選挙で選んでお任せ、政治に文句は言っても、行動はしない主権者ができあがってしまいました。そして、社会のあり方の矛盾など見えないか、見えても気にならないようにさせられてしまったのです。

　東京電力福島第一原子力発電所の爆発事故と放射能汚染などに対しても、東京電力や国の責任を言挙げしても、主権者としての自らの責任を問う姿勢はほとんど見られません。そしてこの国は為政者の意のままに操られていくのです。

　それが移住外国人受け入れについても、国が「単純労働に従事する外国人は受け入れない」とする反面、日系人とその家族や技能実習生は数十万人規模で受け入れ、2017 年 10 月には外国人労働者が約 128 万人にもなっているにもかかわらず主権者である国民は異を唱えないのです。そしてこれまで以上に、「多文化共生」の実態が、一方的に移住外国人が現状のこの国のあり方に適応するということを意味するようになってきているのです。

1.4 日本人・日本社会側の既得権益の放出

　それでは、移住外国人側と日本社会側の「相互適応」とは、どのようなものでしょうか。わたしは、このことを考えるのに、ここ十数年使われ、市民権を得てきた次のようなカタカナ語の概念が参考になると思います。それは、「エンパワメント」「ノーマライゼーション」「ユニバーサル」といったものです。

　日本社会で、「エンパワメント」というカタカナ語が使われるのは、マイノリティに対し彼／彼女たちが社会参加する力をつけるためにする何らかの支援を意味することばとしてではないでしょうか。ところが、英和辞典でempowerment を引くと「権限を与えること；（少数集団［民族］への）政治権力の強化；（従業員の）自由裁量権の増大.」（ジーニアス英和大辞典 2012年版，大修館書店）と出ています。もともとは、公的事業を請け負う企業などを競争入札で決める際に設けていた「指定業者」制度を廃止し、最低限の基準を満たしたいずれの企業でも参加できるようにすることからきていると聞いたことがあります。

　いずれにしても、それまで一部の者、集団が握っていた権益を解放し、多くの者、集団が参加できるようにする、それらに同様の権益を付与するということです。これは、日本語で使われる「エンパワメント」とは意味が大きく異なります。つまり、「一部の者、集団が握っていた独占的既得権益を手放す」ということが含まれているかどうかということが最大の違いです。マイノリティの社会的な力を高めることが、これまで権益を独占してきた者、集団の力を相対的に弱めることと不可分な関係にあるということです。つまり、これまでの社会秩序を変えてマイノリティに権限や権益が付与されるのです。このように、社会のあり方を変えてでもこれまで一部の人々が制限されていたことを一般の人々と対等・平等なものにしていくという意味があるわけです。これは、「ノーマライゼーション」「ユニバーサル」といった概念と合い通ずるものです。

　そこで、「多文化共生」ということばが胡散臭いのは、このマジョリティ側の既得権益の放出をするという覚悟がないままで、マイノリティを支援し、現状の社会に適応させればよいとしているからだと考えます。

その社会の構成員（メンバー）であれば誰もが対等・平等に社会参加できるとすれば、納税の義務を課している以上、わたしは国政でも必要だと思いますが、少なくとも地方公共団体の参政権は外国人住民にも「エンパワメント」（権益賦与）されるべきだと考えます。住民がその社会のあり方に責任を持ち、社会のために可能な限りの力を発揮すべく行動していこうとするのは、民主主義社会がめざすべき姿です。そのために上で言及した公的機関等の多言語情報発信が求められるわけです。

　ところが、日本人社会側から、「『多言語』と言っても、すべての住民の言語で発信するというのは現実的ではない。それにいくつかの言語で発信してもそれ以外の言語の人たちは不利になるので、本市では最低限のものに限って、英語表記を付けています」などと言うことが多いのではないでしょうか。この「現実的ではない」という言い方や「それ以外の言語の人たちは不利になる」という言い方は、日本語での発信ならば、「それ以外の言語の人たちは不利になら」ないということでしょうか。「ここは日本なんだから、日本語は当然です」と言うでしょうが、それは日本人、日本社会側の論理であって、日本語を母語としない人たち側が対等・平等に情報にアクセスできなくてもよいとする理由としては説得力を持ちません。それでは、エンパワメントにならないからです。

　「だから、日本語を学べ。そのためにボランティア教室がある」と言っても、それは移住外国人に対し一方的に適応を強いるものであり、相互に適応するのであれば、是非とも多言語での情報提供を充実させなければなりません。少なくとも、それができにくい現状に「葛藤」を持つべきでしょう。外国人移住者に同化を強いながら、それを「多文化共生」という魔法のことばで煙に巻いて済ますことはやめるべきです。

1.5 「多文化共生」の多義性とめざすべき共生観

　今、上で「同化」を「多文化共生」と言っていると指摘しました。1.2ではこのことばが変化してきたということも指摘しました。まさに、「多文化共生」は多義的なことばになっています。同じく「多文化共生」ということばを使っていても、AさんとBさんが頭に描いている概念が違っていて、違ったま

第1部　「多文化共生社会」再考　　15

まで互いに納得し合っているということも起こっています。

　わたしは、「多文化共生」の多義性を大雑把に4種類に分けています。もちろん、多義的と言うからにはこの4種類のさらに中間の概念もあるわけですが、「多文化共生」の概念がいかに幅広いものかを示すためにあえて、相違する極端な4種類に分けてみました。以下にその4種の名づけとその簡単な説明を記します。

　　　[「多文化共生」の多義性を示す4類型]
　　　奴隷的多文化共生：先住文化的強者が新来文化的弱者を利用・
　　　　　　　　　　　　搾取する形
　　　同化的多文化共生：先住文化的強者が新来文化的弱者に迎合を
　　　　　　　　　　　　求める形
　　　対等的多文化共生：先住文化的多数者と新来文化的少数者が対
　　　　　　　　　　　　等・平等に社会参加する形
　　　植民地的多文化共生：先住文化的弱者を新来文化的強者が利
　　　　　　　　　　　　　用・搾取する形

　日本社会で使われてきた「多文化共生」ということばが表す概念の変遷について、1.2で指摘したことと関連づけて言うと、以下のようなものだと考えます。

　1990年代前半にこのことば、あるいは単に「共生」ということばが使われだし、少しずつ市民権を得てきた頃は、「対等的多文化共生」および「同化的多文化共生」という概念だったのが、現在では一般的に「同化的多文化共生」と「奴隷的多文化共生」とがミックスされたような形の概念としてこのことばが使われるようになっていると考えます。ごく少数ですが、「対等的多文化共生」、同じく少数ではあっても「植民地的多文化共生」のそれぞれ相反する概念でも使っています。

　現在、次のような指摘が聞かれますが、ここでの「多文化共生」はどのような概念を表していると思いますか。「外国人（労働者）は、自国の何倍もの収入を得るために日本に来ているのだ。生活のため、転職のためにただで

日本語を教えろと言ったり、職を失ったら生活保護を申請したり、一方的に日本に要求ばかりしている。日本に受け入れてもらっているのだから多文化共生のための自助努力、自己責任を果たしてもらわないと困る。それができないなら、帰ればいい」。

　もちろん、1990年代前半にも、「日系人労働者」や「外国人技能実習制度」「アジアからの花嫁」に象徴される実態としての「同化的多文化共生」や「奴隷的多文化共生」があったのですが、それらを「多文化共生」ということばでは表しませんでした。むしろ、これら移住外国人の問題を改善し、外国人を含め誰もが対等・平等に参加できる社会にすることが、双方の人々にとって生きやすい社会になるということで、つくり上げるべき多文化社会のあり方の目標として「（対等的）多文化共生」ということばを使ったと思われます。

　ここまで、めざすべき社会参加のあり方を言うとき、「対等・平等」と言ってきました。このうち「対等」は「参加資格」として日本人でも外国人でも、誰でも人として同じだということを、「平等」は「社会からの扱われ方の質（内容）」として同じということを言っています。「平等」だけでもよいという考え方もありますが、かつて「外国人市民は準構成員だ」と言った市長がいたように、参加資格に差があるとしながら「多文化共生」と言うことがないように、老婆心ながらわたしは「対等・平等」と言っています。

　さて、本節では「多文化共生」ということばの多義性を指摘しましたが、次節からは誰もが対等・平等に参加できる社会、真の多文化共生社会をめざすためにどうしたらよいかを考えていきます。

2　外国につながる子どもたちの対等・平等な社会参加と日本語教育

　外国につながる子どもたち[8]が適切な教育を受け、社会参加するための意思や能力を養成していくために必要な視点は何でしょうか。わたしは、この子たちは少なくとも自らがつながる国のことばと文化を継承することと日本

---

[8]　両親あるいは片親が「外国人」の子どもを指し、移住者か日本生まれかや国籍を問わない言い方です。「海外にルーツがある子ども」とか「外国にルーツを持つ子ども」なども同様に用いられます。

第1部　「多文化共生社会」再考　　17

語・日本文化を身につけることの双方が必要だと考えます。そして、この双方は現在生活している日本社会が教育を通じて養成すべきだと考えます。しかし、日本語教育関係者も含め、多くの日本社会側の意見は、日本の公教育では日本語・日本文化の学習を支援していくべきだと考える人は増えていますが、母語・母文化（継承語・継承文化※9）については、必要だと思う家庭は自助努力で行うべき事柄だとする意見が圧倒的だと思います。

　これらの子どもが将来的に「対等・平等に社会参加する」と言うと、日本人側は、参加する「社会」を日本社会だけだと想定することがほとんどでしょう。しかし、子どもやその家族など当事者にしてみれば、少なくとももう1つ子どもが「つながる国」をも想定していることでしょう。それは、日本人の「海外子女」「帰国子女」と言われる子どもたちの場合を考えてみれば納得されるでしょう。

　日本語教育関係者も含め日本社会側は、多文化な子どもたちの社会参加を考える場合、この視点が大切なものだということを強調したいと思います。

2.1　外国につながる子どもたちにとっての母語、継承語

　外国人移住者が増えてきた1990年代から、外国につながる子どもたちにとって「母語（継承語）」保持、学習が大切だという指摘はありました。しかし、最近そういう主張が一層多く、強くなってきたと感じます。その理由としてよく言われるのが、「2つの言語・2つの文化を持つことは、その個人の人材としての付加価値を高めるとともに、グローバル時代の我が国、社会にとってもこれらの人材の活躍が期待でき、国際競争力向上に資する」などというものでしょう。海外子女・帰国子女についても以前からそのような指摘がありました。わたしは、このことについて否定するつもりはありません。しかし、

※9　「母語」(mother tongue) が自身の出身地で親たちから自然に受け継いだことばであり、それと同様に受け継いだ文化を「母文化」としていますが、移住先や親たちが移住しその地で生まれた子ども等が親たちの言語、文化を学んで習得したものを「継承語・継承文化」と呼んでいます。親たちにとって自らが受け継いできたものを子どもにも受け継がせるという強い意志がある場合が多いと考えられます。

18　第1部　「多文化共生社会」再考

このような「開発主義※10」的な理由だけでなく、人として生きる、つまり「人権」の視点からそれが必要なのです。このことは、人の生き方とかかわることなので、日本人、日本社会側にもしっかりと認識してもらいたいと思います。

　私事にわたって恐縮なのですが、自分の身内の場合を例に挙げて説明します。

　わたしの兄夫婦は、結婚してすぐ香港に移住しました。香港で一男一女を儲けましたが、この子どもたちが小学校の低学年のとき、家族でアメリカに移住しました。上の子がわたしにとって甥で、下の子が姪ですが、甥はアメリカの大学に行き、姪は英語で学ぶ日本の大学に「留学」しました。甥と姪は、小学校の夏休みには日本の両親の実家、とりわけわたしと兄の実家で過ごすことが年中行事になっていて、わたしたちの母（甥と姪の祖母）も夏休みに2人の孫が来るのを楽しみにしていました。

　ところで、甥と姪のアメリカの学校で、ESL (English as a Second Language; 第二言語としての英語）教育の先生も、家庭で日本語を使うことを禁止しなかったようで、家庭言語は日本語でした。夏休みの祖母の家での「ホームステイ」の影響もあったと思われますが、2人とも英語と日本語のバイリンガル、大学卒業後香港で働いていた姪は、広東語や北京語も使い、甥は、フランス語学習のため1年間マダガスカルに留学していました。そのようなことで、正確に言えば甥も姪も言語によって操るレベルに差がありながらマルチリンガルということになるでしょう。

　その後、甥・姪の祖母、つまり兄とわたしの母は、91歳で介護が必要な状態となり、わたしたち家族の家に引き取りました。徐々に入退院をくり返すようになって、93歳で亡くなりました。その間、甥や姪からは、国際電話がかかってきて、わたしがベッドの母の耳元に子機をかざすと短くてもしっかりと「ありがと」と言っていました。姪から来た「おばあちゃん、元

※10　経済分野で言う「開発主義」と直接的な関係はなく、ここでは、あらゆるものが開発、進歩を続けることに価値があるとし、それを追求していくことに重きを置く考え方という意味です。経済開発や能力開発など、絶えず進めていこうとすることで、「進歩主義」という言い方も同様に用います。

第 1 部　「多文化共生社会」再考　　19

気で長生きしてね」と書いたカードを枕元に置くようにということで、最後に見送った病院のベッドにも持っていきました。この祖母と孫の日本語でのコミュニケーションは、双方の人生にとってたいへん意義深いものだったに違いありません。叔父として、そして同じく第二言語教育関係者として、甥と姪を指導したアメリカのESLの先生が家庭での日本語使用を禁止しなかったことに感謝しています。

　日本社会で生きている外国につながる子どもたちは、日本語で目の前の日本の社会とつながっているとともに、母語や継承言語で、自らのつながる国の肉親や友だち、社会とつながっていて、それは双方にとって人として大切な心のつながりなのだということです。

2.2　日本の公教育での母語・継承語指導

　上のわたしの甥、姪の場合も、アメリカの公教育で母語の学習支援を受けたわけではありません。それなのに、わたしが日本では公教育でそれをすべきだと言うのには訳があります。

　その1つに、日本社会で、外国につながる子どもたちが、母語を保持したり、継承語を学んだりするのが、いかに難しいかということがあります。その理由はいくつかありますが、その中で最も大きいのが、子どもたちに対する「みんなと同じ」を強いる日本の学校文化、社会文化によるものです。

　よく、日本文化の特徴として「集団主義」が挙げられ、多くの日本人はみんなと一緒でありたいという意識を持っていると言われます。しかし、研究者の中には、日本人は個人では「個人主義」的な面も弱くはないと指摘する者[11]もあります。わたしも、この国の為政者は個人を「集団主義」化し統治するための教育を続けてきているので、そのように行動する個人が多いだけで、日本人は個人としてはそこそこ個人主義的だと思います。「自己中」だ

※11　G. ホフステードの研究。次の文献「国民性の指標」、「2. Individualism (IDV)個人主義傾向の強さ」を参照のこと。日本は53カ国中22位で集団主義か個人主義かでは、どちらかと言うと個人主義寄りとされています。(G. ホフステード・G. J. ホフステード・M. ミンコフ (2013).『多文化世界』第三版.(岩井八郎・岩井紀子訳). 有斐閣.

とか「KY」だとかのメタファーで集団の中に自分の居場所がなくなることへの恐怖心を煽り、相互監視によって個人を集団に縛りつけているのです。学校教育では、集団行動や人との協調を訓練し、授業から掃除、給食の当番、運動会の赤白対抗まで班やグループが一体となって取り組む作業を課します。そして「連帯責任」ということを学び、全体のためには自己犠牲を強いてでも尽くさなければならないとする行動パターンが擦り込まれます。

これらによって、外国につながる子どもたちも、「みんなと一緒」を学ぶことになります。そして、みんなと一緒でなければならないと思い、自らの中にある「外国人性」を払拭することに努力します。親などの外国人性は人前には出したくないと思うようになり、親から子に受け渡される母語・母文化（継承語・継承文化）も疎ましいもの、この国で生きていく上では煩わしいものだとの意識になります。そして結果的に、母語・母文化（継承語・継承文化）に嫌悪感さえ持つ者も出てきます。少なくとも、それらを学んでいることを知られたくないと思うようになり、いつの間にか母語・母文化（継承語・継承文化）を捨ててしまいます。

日本社会にあって、このような母語・母文化（継承語・継承文化）を学ぶことへの負のモチベーションを払拭する最も効果的な方法の1つが、日本社会側が外国につながる子どもたちの母語・母文化（継承語・継承文化）を子どもたちにとっても社会にとっても大切なものと評価し、それを学ぶことを応援することです。そしてそれを子どもたちにとって「日本社会」とのフロンティアである学校の先生、友だち、保護者等によってなされることは何より力強い応援メッセージになるはずです。

それと、もう1つ、学校を挙げて行うこの外国につながる子どもたちに対する取り組みは、「一般」の（と言っても一人ひとり違い、多様な）子どもたちの「ちがいを豊かさに[12]」するために、先生、友だち、保護者等の意識を変え、学校文化を変えるきっかけとなるという点でも重要です。現在の学校の文化は上で指摘しましたが、集団に従属する個人をつくるというものです。

---

[12] 大阪府の教員による研究、実践団体で、府下の小中学校教員のほとんどが会員となっている大阪府在日外国人教育研究協議会のスローガンです。

教師たちは、そのために子どもたちにハッタリをかましたり、脅しつけたりして子どもたちを管理しています。子どもたち同士は、相互監視によって神経をすり減らしています。これらが、いじめや不登校といった問題の元凶の1つであることは間違いないでしょう。学校が、子どもたちが自分をさらけ出し、かけがえのない友だちと楽しく過ごす居場所ではなく、自分を隠し、互いに相手に足を引っ張られないよう緊張を強いられる場所となっているのです。

　この現状を克服することは、公教育の責任です。ぜひとも外国につながる子どもたちに対する取り組みをきっかけに、全校を「ちがいを豊かさに」する取り組みにつなげていってほしいと考えます。その取り組みの象徴として、外国につながる子どもたちの母語・母文化（継承語・継承文化）教育を公教育の学校で取り組むことを提案します。

　2014年度から、それまで各学校で「補習」などの教科外活動としてなされてきた日本語指導が、「特別の教育課程」（正規の科目）として授業ができるようになりました。当面、教科外活動の補習という位置づけで始めてもよいと思いますが、母語・母文化（継承語・継承文化）教育を公教育の学校で行ってください。大阪など関西のいくつかの学校では、すでに取り組まれていると聞いています。それが全国の学校に広がっていってほしいと思います。

2.3　母語で教育を受けるということ

　改めて指摘するまでもなく、日本の学校で学ぶ外国につながる子どもたちの多くにとっては、ことばの面でいろいろなハンディキャップがあります。その中には、苦労はしても努力して乗り越えることで、その後、日本社会で生きていく上で必要な種々の日本語技能を高めていくことにつながる事柄も少なくありません。ぜひとも周りがサポートし習得させていってほしいと思います。一方、母語の力を借りることで教科の学習をより的確、スムーズにできることもあります。中には、母語対応がなされないと学習や知的発達の遅滞につながり、それを取り返すことが難しいこともあります。それによって学習の進度についていけず、ついにはドロップアウトにつながってしまうことがないとは限りません。

小学校低学年来日の子どもの先生たちからよく指摘されるのが次のような
ことです。

　　母国で小学校に入学し教科の学習がスタートし、その教科の学習
　にともない母語の学習言語※13を少しずつ習得しはじめた小学校2、
　3年生くらいまでの時期に来日した子は、その後の日本語の学習言
　語の習得や教科の学力をつけていくのが難しい。ほとんどの場合日
　本の学校でこれらの子どもに対してまずやるのは、日本語の生活言
　語を教えることで、教科の学習は一時お預けにせざるを得ない。そ
　の間、家庭言語は母語であったとしても、それは母語の生活言語で
　あり、母語での教科学習や母語の学習言語の習得はされないのでど
　んどん忘れていってしまう。日本語の生活言語がある程度できるよ
　うになった時点で、あとは自助努力に任されるのが一般で、よくて
　も、時間を減らして日本語の生活言語や日本語での教科学習支援が
　若干ある程度だ。日本での教科学習の内容は教科によって母国のそ
　れとはかなり違うものがある。ことばも日本語の学習言語が使われ、
　それを丁寧に教えてくれる学校は少ない。そして、日本語の学習言
　語も教科学習も、その習得は日本の子どもたちに大きく水を空けら
　れて、もはや追いつくことが絶望的という状況になる。

　これらの子どもに、一時的であれ学校教育の一部を母語で行うことはでき
ないでしょうか。もちろん、教科の学習も学習言語の習得も母語と日本語、
並行してバイリンガルで行えれば最もよいのですが、少なくとも母語から日

※13　多くの言語には、生まれてすぐから保護者などに話しかけられることで、周りの状況をも
　とに自然習得され、さらに成長していくにしたがって多くの人々との主に対面的なコミュニ
　ケーションによって習得される「生活言語」と、多くは学校に入学後、教科の学習などを通
　じて副次的に習得される、概念を表す表現である「学習言語」があります。語彙の例を挙げ
　ると、生活言語の「同じ」は算数の教科における学習言語では「等しい」と言い、生活言語
　の「いくら」は、学習言語では「何円」と言うことがあります。

第1部　「多文化共生社会」再考　　23

本語へと「移行型バイリンガル※14」で対応ができないでしょうか。それが、これらの子どもが「低学力」や「ダブルリミテッド※15」にならないようにするために最もよい方法だからです。

こう言うと、「学校で日本語を教えろと言い、それをしてもらうと、母語教育をしろと言い、それをしてもらうと、母語で教育をしろと言う。どこまで要求すれば気が済むのだ」ということばが返ってきそうです。でも、そう言うのは、日本人側、日本社会側の視点に立っているからです。子どもの健全発達を願う保護者等の視点に立てば、日本の一般の子どもと同じように教育によって社会参加できる意識と能力をつけさせてやりたいと思うのは自然なことでしょう。

2.4　魔法のことば「多文化共生」

「そんなことを言っても、外国につながるすべての子どもの母語に対応するのは現実的ではない」と言うでしょう。それはそうかもしれません。しかし、日本の子に日本語で対応していること、障碍を持った日本の子にさまざまな取り組みを行っている、あるいは行う努力をしていることとほとんど違いはないのです。「現実的ではない」ということばで、それができないことの葛藤を引き受けることなく、当事者たちにとってよりよい方向に近づける努力を放棄し、多くの場合、「多文化共生」ということばを定義なく使い、何もしないことの免罪符にすることは、潔いとは言えません。

※14　移住外国人が最終的には移住先の主流言語を習得することを目的とし、自らの母語から移行の過程で媒介語として母語を使うことを認めるものです。母語と主流言語双方を使用できることをめざす二言語併用型バイリンガルもあります。また、主流言語のみを使用してその習得をめざすイマージョンプログラムがあります。

※15　母語でも移民先の主流言語である第二言語でも「学習言語」が習得できないまま成人した状態を言います。以前は、双方の言語が不十分な状態にある者という意味で「セミリンガル」と言っていましたが、差別的意味合いがあるということで、この表現を用いるようになりました。この表現も用いないという研究者も少なくありません。

日本語には、「曖昧表現」や「婉曲表現※16」があると言われますが、「多文化共生」も曖昧表現の１つと言えると思います。まさにこのことばの多義性を利用して実態を伴わないおぼろげな概念を日本人、日本社会側で共有して、事を済まそうとしているようにしか思えません。

　この国の為政者である政治家、官僚や財界などの一部には、今なお確固として、「由らしむべし、知らしむべからず」をよしとする風潮が根づいていて、日系人労働者の受け入れや技能実習制度導入など、「本音と建前」を堂々と政策にして憚りません。あわせて「愚民政策」（ポピュリズム）を採り、批判的（クリティカル）に物事を考え、判断する能力を欠いた多くの「主権者」は、何の疑いも持たず、今が自分たちにとってよければと「幸せ」を享受しています。政策について議論があってもそれは、実態のない形式だけのことばのやり取りでしかありません。この国は、為政者も国民も馴れ合いながらもはや多文化社会となっている日本社会にあって、いまだ単一民族、単一文化という共同幻想に浸っているように見えます。

　政治家は日本という国家の枕詞として「国際社会の一員である」ということばを使いますが、そのことばを使う自覚と責任を感じているのでしょうか。この枕詞すら中身のない形式的なことばなのでしょうか。

　お隣の韓国も 1993 年、それまでの産業研修制度を日本の外国人研修・技能実習制度を模した内容にしましたが、その実態に対する内外の批判を受け、2004 年に非熟練外国人労働者有期受け入れ制度を発足させ、正規労働者として外国人を受け入れ、2005 年に産業研修制度を廃止しました。それらにともない、非熟練外国人労働者や国際結婚家族（多文化家族）の保護、支援のための法整備、制度設計、システム構築などを進めています。また、移住労働者支援センターや多文化家族支援センターの設置の推進、それらを拠点としてさまざまな支援施策を展開し不断に充実させていっています。施行さ

※ 16　日本人が用いる特徴的な表現とされていますが、前者は意味が確定せずどうとでも解釈できるもので、言質を取られないようにするために用いることが多いように思います。後者は、伝えたい内容は相手にも理解されると考えながら遠回しに言うもので、相手への気遣いや話者の品格を保つために用いることが多いと言われます。後者であっても非母語話者には日本語・日本文化のネイティブ級でなければ理解は難しいと思われます。

れている関係の法律等の一例を挙げると、以下のようなものです。

2005 年　外国籍住民の地方参政権（選挙権）付与
2006 年　盧武鉉大統領による閣議での多文化国造り宣言
2007 年　在韓外国人処遇基本法施行
2008 年　多文化家族支援法施行（多文化家族支援センター、
　　　　　コールセンター等の整備の推進）

　まさに、日本も「国際社会の一員である」と言うのであれば、国内施策において それにふさわしい「多文化共生」の実態が伴わなければなりません。韓国においては、国際結婚家族の子どもへの関わりが中心で外国につながる子ども対応はこれからといったところです。しかし、日本はこれら子どもたちの問題克服に向けた取り組みが急務となっています。特に子どもへの対応は発達上適切な時期に適切な方法で行う必要があります。それを誤ると取り返しのつかないことになってしまうことがあります。今こそ、為政者も主権者である国民も、「内なる植民地化※17」政策から、国際社会の一員としての責任が果たせる「多文化共生」政策に転換していくべきときなのです。子どもの問題を社会経済的「効率」でうんぬんしたくはないのですが、子どもにとって必要な時期にしかるべく予算を割いて対応することで健全な発達を期したほうが、その予算を惜しんで成長後に社会問題化してから数倍の予算を割いてそれに対応することよりどれほどよいかは誰でもわかるでしょう。まして、子ども本人にとってどちらがよいかは言わずもがなです。

　わたしたち、日本語教育関係者も日常的に関係の問題と向き合い、世論の先頭に立っていきたいものです。

※17　植民地は、他国を支配し、宗主国側にとって必要な利益が得られることを第一にした統治を行うものですが、同様に外国人移住者受け入れ国が移住者を利用し利益を得ようとする受け入れ政策を行うものを言います。場合によっては、受け入れ国側の利益を優先し、移住者の人として必要な生活基盤の保障をネグレクトするという「政策」もあり得ます。

3 誰のための「多文化共生」か

　ここまで現在使われている「多文化共生」ということばについて、批判的に見てきました。もう、わたしがこのことばが使われている背景に胡散臭さを感じていることは、十分に指摘したので、読者の皆さんにはいささか食傷気味だとは思います。ですが、もう1つだけ指摘しておきたいことがあります。それは、現在までこのことばを使っているのがマジョリティの日本人側で、外国人移住者など「マイノリティ」側が使うことがほとんどないということです。

　ここでは、このことについて指摘し、現在日本社会がこのことばを使うことの根本的な問題について、皆さんとともに考える材料にしたいと思います。

3.1 「在日朝鮮・韓国人」と多文化共生

　わたしは、この第1部の最初に、1990年代から「多文化共生」ということばを使ってきたことを述べました。しかし、このことばを使いながらどうしてかわからないのですが、どこかしっくりしない気持ちを抱きつづけていました。このことについて、かつて在日韓国・朝鮮人[18]の2人から伺ったことをもとに、以下のように述べたことがあります（山田, 2007, 京都フォーラム資料）。

　　わたしは、2004年にあるシンポジウムで在日朝鮮・韓国人二世のお二人から伺った指摘で長年の胸の支えが取れ、納得することができました。お二人の指摘は慎重にことばを選んで日本社会側に配慮した言い方になっていましたが、そのことばをわたしは次のように聞いたのです。つまり、「マジョリティー側の日本人が、これまでの『在日』に対する長い差別の歴史について一切触れずに、その

※18　いわゆる1910年に日本が朝鮮半島（当時の大韓帝国）を植民地にしたことに由来して半島から日本本土に移り住んだ一世およびその子孫で現在日本に住んでいる人々を指しています。単に「在日」ということがあります。ただし、同様に台湾から来た人々と区別するために、ここでは、「在日韓国・朝鮮人」、「在日朝鮮・韓国人」と言っています。

第1部　「多文化共生社会」再考　　27

上いまだ差別を残したまま、ニューカマーのみを相手として（つまり『在日』を無視した形で）、『多文化共生』と言いながらも、『在日』にしてきたのと同じく、自分たち（マジョリティー側）の権益だけはしっかりと保護されるというのは受け入れられない」と聞いてしまいました。もちろんこのように直截におっしゃったわけではないのでお二人にはお叱りを受けるかもしれませんが、わたしはこのように聞き取ったからこそ腑に落ちたわけです。「在日」の人々の場合は、自らがその「被害者」としてこのように感じているのだと推測するわけですが、マジョリティー側の当事者であるわたしは、この最後の「自分たち（マジョリティー側）の権益だけはしっかりと保護される」という部分に、自らの胸に手を当てて、そのとおりだと納得したのです。

　まさしく、「多文化共生」ということばが日本社会、日本人側の言い方ながら、戦前から長い間、多文化社会日本における「日本人」のパートナーである植民地日本人とその子孫である「在日」を無視し、「ニューカマー[19]」だけを対象としているかに思えること[20] は、いかがなものでしょうか。

3.2 「ニューカマー」と多文化共生

　それだけでなく、わたしは、ニューカマーと言われる人々が「多文化共生」ということばを引用以外で使ったのを知りません。ニューカマーが、「わたしたちは、ホスト社会の日本人とともに日本を『多文化共生』社会にするために力を尽くしたい」などと言うことがあるのでしょうか。

※19　いわゆる「在日」を「オールドタイマー」や「オールドカマー」と言うことがありますが、それはこの「ニューカマー」（Newcomer）に対置したものでしょう。ニューカマーを 1980年以降の移住外国人とすることが多いのですが、筆者は「在日」以外の戦後移住外国人をすべてニューカマーとしています。そうでないと戦後から 1980年代までの間に来日の人々を何と呼ぶか問題となるなどするからです。

※20　在日韓国・朝鮮人を対象に「共生」ということばが使われたのは、次の文献のタイトルに見られます。大沼保昭・徐龍達 (1986).『在日韓国・朝鮮人と人権 —日本人と定住外国人との共生を目指して—』有斐閣.

そう考えると、このことばはマジョリティである日本人側が外からやって来たマイノリティである移住外国人の受け入れにあたって、採るべき何らかの「意図」を、一方的に示したもののように思います。その意図が、同化というのであれ、「対等・平等に」というのであれ、判断し取り組むのは日本人側だけだということです。マジョリティ、マイノリティと力関係で言えば、「上からの判断・取り組み」なわけです。

日本人が「在日」やニューカマーと一緒にこの国のあり方を、それこそ「対等・平等」に議論し合った結果、めざすべき目標を何らかの意味を込め「多文化共生」と言っているわけではないのです。そのことが表しているこのことばを使う背景を、わたしを含めてこのことばを使っている日本人は、胸に手を当ててもう一度考えてみる必要があります。

4　日本社会はなぜ変わろうとしないのか

では、日本人と移住外国人がともに対等・平等に社会参加していくためにはどうしたらよいかを考えたいのですが、そのためには日本人、日本社会側が変わろうとしないのはなぜなのかを考え、どうしたら変えることができるかを検討する必要があります。本節で、まず、後者について考えておきたいと思います。

1.3 で指摘したように、日本人の 135 万人以上が海外に住み、日本国内の外国籍住民が 250 万人を超えています。また外国人労働者が 100 万人を超え約 30 組に 1 組が「国際結婚」である日本社会はすでに十分「多文化社会」です。それなのに多くの日本人の意識も社会のありようも旧態依然として「日本社会は日本人のもの」でありつづけ、変化している社会の現状に合わせて変わっていこうとしていません。それはなぜなのでしょうか。

4.1　封建主義社会を生きる日本人

このことについて 1.3 では、明治維新が封建主義社会から近代社会に変わったのではなく、変わったのは軍事と経済の近代化だけで、最も大切な「人の近代化」がなされなかったと述べました。この仮説が事実なら、この

第 1 部　「多文化共生社会」再考　29

国の国民はいまだ封建主義社会の意識と行動を採っているということです。それは、明治維新は徳川幕府から薩長土肥・朝廷連合に政権が移譲されただけ[21]で、ヨーロッパの市民革命のような支配階級の変更が伴った国家統治（ガバナンス）主体の根本的変更ではなかったからです。この国の国民はいまだ封建主義社会を生きていると考えてよいと思います。

　近代民主主義社会であれば必要な「主権者」としての意識も能力も育っていないのです。主権者であれば、絶えず国のあり方をチェックし、変えなければならないと思ったり、変えてはいけないと思ったりしたことについては、声を上げ、議論をし、すべき行動を起こしていく必要があります。そして、国のあり方には、その構成員の1人として、責任を持たなければなりません。これは日々の生活をする身にはかなりの負担でしょう。しかし、「民主主義」を採っているということは国家の構成員である個人がそれをすることを選択したということです。

　このように言うと、実際日々の生活の中でそんなことをする余裕などどこにあるのだと反論されそうですが、近代民主主義社会にあってその時間が取れないような社会こそ問題があるのです。あるいは、ポピュリズムを仕組んでいる為政者に、テレビやスマホでのゲームやバラエティーなどで時間を潰すようにたぶらかされて、物事を考える十分な時間が取れない状態で、思考操作がなされ、お仕着せで画一的な社会を判断する視点を自らの意見と思い込まされているのかもしれません。

　そして、当然為政者の地位にある者たちは自らの既得権益を守ることに心血を注いでいるので保守的、守旧的ですから、社会の変化は、逆行という変

※21　1889年に発布された「大日本帝国憲法」が、翌1890年に帝国議会（貴族院と衆議院の二院制）の開院とともに発効し、形としては、立憲、議会制による国家体制が確立しました。また、福沢諭吉に代表される政治思想家や原敬首相など政党政治家もあり、国家のあり方について活発な議論がなされました。しかし、一方では、天皇の諮問機構であり実質的に貴族院、衆議院の上位の機構である枢密院の存在や1890年に発布された「教育勅語」による国体護持がこの国の統治をなしたと考えられます。これについて、三谷（2017）は、「『国体』観念は憲法ではなく、勅語によって（あるいはそれを通して）培養されました。教育勅語は日本の近代における一般国民の公共的価値体系を表現している「市民宗教」（civil religion）の要約であったと言ってよいでしょう」（p.242）と、同じく、「日本の近代においては『教育勅語』は多数者の論理であり、憲法は少数者の論理だったのです」（p.242）と言っています。

化はあっても、建設的、前向きな改革はよほどのことがないとしたがらない
わけです。そのようなわけで、封建主義社会にあっては、国も国民も変化を
好まないので、社会が多文化化するなど変化していても、それに合わせて社
会制度、社会システムを変えていこうとはせず、むしろ変えないで済むため
に何をすべきかと考えるのです。

4.2　地球社会と日本人

　もう1つ、封建主義社会を生きる日本人にとって大きな問題があります。
それは、地球規模で見たときに起こる問題です。

　現在、経済のグローバル化が急速に進展しています。その中で、いわゆる
グローバル企業の力は、財力からいっても地球社会への影響力からいっても、
規模の小さな国家を超えていると言われます。また、グローバル企業は、力
関係では大国をもしのぐようになっています。そして、大国に対しても自由
貿易の推進や法人税の軽減などを迫り、それができなければ生産拠点を他の
国に移すとか、本社をタックスヘイブンに移すとかと圧力をかけることがあ
るのではないかと推測します。それが現実には明らかにはなっていませんが、
経済大国と言われながら財政面では厳しい状態にあるアメリカや日本で法人
税の引き下げの議論があることは、それがあることを感じさせます。あるい
は、グローバル企業への「忖度」があるのかもしれません。

　また、アグリビジネスや森林開発、資源開発など第一次産業や鉱業などで
も、当該地域はもとより地球規模から見ても、大きな自然環境、社会環境の
問題とつながることが指摘されています[22]。

　現在、グローバル企業のコンプライアンス（compliance; 法令遵守）や
CSR（Corporate Social Responsibility; 企業の社会的責任）をいかに監督して
いくかが「地球市民」に求められています。これら国境を越えた企業が関与
する問題に、国境を越えた人々が連携、連帯し、カウンターパートとしての

※22　これらについては、開発教育協会 http://www.dear.or.jp (2018年10月3日検索) をはじめ
　　　とし、多くのNPO、NGOや環境省 http://www.env.go.jp (2018年10月3日検索) などが情報
　　　提供、啓発活動をしています。

第1部　「多文化共生社会」再考　　31

役割を果たすために必要な意志と能力を養成する教育が必要です。そうでないと、グローバル企業などのグローバルな為政者が自らに都合のよい人材養成を国々に働きかけ、「グローバル人材」養成などと言って公平、平等であるべき公教育を歪めてしまいかねません。その上、「持続可能（sustainable）」を枕詞にして、さも地球の環境に配慮しているかを装い、本当に必要な開発なのかの客観的評価もなく開発を続けかねません。

現在、これら地球市民として果たすべき役割は、日本人にも課せられているのです。一国の主権者としての役割を果たしながら、これら地球市民としての役割を果たす意識と能力が必要なのです。

さて、封建主義社会を生きている、社会の制度やシステムの変化を好まない日本人を、このような国内や地球社会の問題を克服する主体とし、日本を真の誰もが対等、平等に参加できる多文化共生社会にしていく主体とするためにどうしたらよいでしょうか。

最終節では、そのことについてわたしが考えていることを提案したいと思います。

5 日本社会を真の「多文化共生」社会にするために

1.4で「多文化共生」の多義性を示す4類型を指摘しましたが、その中の「対等的多文化共生」をめざすべき真の多文化共生として、本最終節では、それをめざすためにはどうしたらよいか、わたしが考えていることを示したいと思います。それをたたき台にして、移住外国人を含め多くの皆さんにもその方法について提案してもらいたいと思います。そして、議論を続けながらも、為政者をはじめ広くすべての日本人を対象にこの社会を変えていくことの決断をしてもらい、実際に喫緊で重要なことから政策、施策として手をつけていってほしいと考えます。

しかし、4節で指摘したように表面的な制度をいじるだけで済むものではなく、わたしが言うところの「人の近代化」という、封建体制から民主主義体制に変わること、つまり個人が主権者に変わり（自己変容）、その個人が社会を変え（社会変革）てこそ実現可能なのです。一朝一夕になるものでは

ありません。

　その一方で、日本社会で問題になっている外国人の人権に関する事柄の多くは、今すぐ改善を図らなければ、その人の一生に関係し、将来的に取り返しがつかなくなるものも少なくありません。

　つまり、これらへの対応は、個別事例に対する緊急対応と個人が変わり（自己変容）、社会を変える（社会変革）ための長期間にわたる構造改革との双方が必要となるわけです。まずは、緊急対応が必要であることについて例を挙げて示したいと思います。

5.1　緊急対応

　2節では、子どもたちの問題を指摘しましたが、それらの問題を根本的に解決するためには子どもたちが生きる日本社会の文化をいわば「集団的協調性」文化から「個別的多様性」文化に変える必要があります。子どもたちの場合、生活のほとんどに「学校」が関与しているので、日本の学校文化を変えなければなりません。もちろんその取り組みは、今、ここでできること、すべきことから始める必要がありますが、ゴールまで息長く時間をかけて行う必要があります。

　一方、緊急を要する母語や母文化（継承語や継承文化）の保持、伸長、学習言語の獲得と教科の学習能力の向上をめざしダブルリミテッドを生まないこと、アイデンティティの危機の回避、違いがあることでの偏見、差別、いじめからの解放等々は、一刻も早く改善、解決しなければなりません。

　緊急対応は、病気や怪我、災害などから、衣食住など今日から必要な生活に関わることなどまで、成人に対しても必要なことですが、ここでは現在の対応が将来の生き方に影響を及ぼすおそれのある子どもたちについて例を挙げて説明したいと思います。

5.1.1　母語、母文化 (継承語、継承文化) の保持、伸長

　母語や母文化（継承語や継承文化）の保持、伸長は、その子どもが来日した子どもであれば、当初に日本語、日本文化を学びはじめることと並行して、母語を忘れない、後退させないようにすることが重要です。先に2節で指摘

第1部　「多文化共生社会」再考　｜　33

しましたが、「みんなといっしょ」の同化圧力の強い日本社会にあって、家庭内では保護者等と母語でコミュニケーションすることの重要性を保護者等と子ども本人とに自覚させたいと思います。それには、学校など日本社会側の理解、応援がどうしても必要です。さらに母語や母文化を伸長するためには、家庭内の使用だけでは限界があります。留学生など子どもの母語ネイティブの大人から学ぶ必要があります。

　わたしが関わっていた中国につながる高校生の子に、日本語も中国語もできてすばらしいと言ったら、「（わたしの中国語は）子どもの中国語です。大学に入ったら中国に留学したい」と言われました。自分の母語に対して、そのような意識が持てるためにも、来日早々から母語・母文化の家庭内での使用、ネイティブの大人から意識的に学ぶことが保障されるように願っています。

　外国につながる日本生まれの子どもに対する継承語、継承文化教育も、生まれたときから家庭内コミュニケーションをしっかりと継承語で行うべきことを、親など保護者が理解し、専門家から具体的アドバイスが得られるようにすべきです。その後も、移住外国人の子どもと同じですが、継承語、継承文化が子どもにとっていかに大切かを理解し、その学習が保障される制度設計が求められます。

5.1.2　学習言語の獲得と教科の学習能力の向上
　　　―ダブルリミテッドを生まないために―

　「学習言語」と「ダブルリミテッド」については、2節の注13と注15で簡単に触れただけですが、緊急に対応すべきこととして、補足の解説をしておきたいと思います。

　子どもの知的発達を健全に促すためには、子どもの発達状況に応じて適切な時期に適切な対応をする必要があります。言語面について言うと、子どもが生まれると同時に家族等から状況に応じて話しかけられるわけですが、話してもとうていそのことばが理解できるはずはありません。しかし、これらの言語的刺激を受け取りそれらの経験が蓄積されることによって「生活言語」

を習得する準備（レディネス）※23 が少しずつできてくると考えられます。一方、生まれてからしばらくすると、多くの場合、保護者など家族によって、絵本の読み聞かせなどがされ、続いて童話、昔話などの語り聞かせが行われます。こちらは、絵などの視覚的刺激も加わり、「語り」という言語刺激を耳から受け取ることで、頭の中に「世界」を描き、物語が展開されるわけです。そして、まもなく子どもにとってお気に入りの絵本や童話等ができ、毎晩、寝る前などに読んだりお話をしたりすることをせがみます。子どもが、毎日、毎日、同じ話を聞きたいと思うのはどうしてなのでしょうか。大人であれば、一遍聞けば「もうわかった」ということになるのではないでしょうか。間違いなく子どもは、同じ話を聞くことが心地よいのです。話を聞きながら頭の中の「世界」で展開される物語を楽しんでいるのです。ひょっとしたら同じ話でも頭の中に描かれる「世界」が微妙に違うのかもしれません。

　わたしは、これら、言語的刺激等によって頭の中に世界を描く訓練は、子どもが後に学校に入学して教科の学習を通じて「学習言語」を学ぶための準備（レディネス）になっていると考えます。つまり、「生活言語」が現物や背景、状況などが厳然とある環境の下でやり取りするコミュニケーションで使われる言語であるのに対し、「学習言語」は、主に目で見ることはできない抽象概念を操作するための言語であるわけです。そして、教科の学習で用いられ、教科の内容の習得にともない学習言語も副次的に習得されていくのです。学習言語の能力が高まることで、教科の学習内容を理解する能力が高まり、教科の学習の理解が高まることで、学習言語の能力も高まるという正の相関があるわけです。

　初等教育から中等教育にかけて教科の内容も高度になり複雑な概念操作能力が必要となっていきます。それにともなって、学習言語も複雑なものになっていくのです。わたしは、外国につながる子どもも含めすべての子どもには中等教育卒業を保障すべきだと言っています。それは、現代社会にあっては事務職ばかりか職人であってもそのレベルのリテラシーが必要不可欠だから

※23　教育学の用語で、何らかの新しい物事を学ぶために必要な能力が蓄積されている状態を言います。

です。自動車整備士、美容・理容師、調理師など国家試験の関門があり、正規の職を得るためにはそれを突破する必要があるのです。国連の「子どもの権利条約」で中等教育までを義務教育としているのは当然と言えるでしょう。日本の場合にあてはめると高等学校卒業ですが、民主党政権時代に「高等学校無償化」に代えて授業料相当の補助金を出したのはそれを担保するためだと聞いたことがあります。朝鮮高校を対象から外しているのは、為政者が政治を優先して子どもの人権を犠牲にした恥ずべき行為です。

　次は、国家試験の例として、実際の自動車整備士のガソリン２級の過去問をインターネットで検索したものです。語彙が専門語彙も一般語彙もかなり高等な学習言語ですが、文構造（構文）も複雑だということがわかるでしょう。２級整備士というのは、整備工場などで正社員として雇われる最低条件であることが多いと言われます。

2G 登録試験 2017 年 10 月 問題 15

https://jidoshaseibishi.com/2G/2017_10/15/15.html（2017 年 11 月 30 日検索）
NOx（窒素酸化物）の低減対策に関する記述として、**不適切なもの**は次のうちどれか。

(1) 空燃比制御により、理論空燃比付近の狭い領域に空燃比を制御し、理論空燃比領域で有効に作用する三元触媒を使って排気ガス中の NOx を還元する。

(2) エンジンを電子制御することで、的確にエンジンの運転状況に対応する空燃比制御及び点火時期制御を行い最高燃焼ガス温度を下げる。

(3) EGR（排気ガス再循環）装置や可変バルブ機構を使って、不活性な排気ガスを一定量だけ吸気側に導入し最高燃焼ガス温度を下げる。

(4) 燃焼室の形状を改良し、燃焼時間を長くすることにより最高燃焼ガス温度を低くする。

このように子どもの学習言語の発達を支えるためには、それぞれの適切な時期に適切な対応が必要です。研究者の多くは、それがなされないで成人すると、いずれの言語でも学習言語が習得できていない状態になり、改めて習得しようとしても、かなり難しいことになると指摘します。この状態を今は「ダブルリミテッド」と言っています。

　このようなことを理解している一般の保護者や公教育の教員はほとんどいないと思われます。これらのことに関与し改善に努力してきた教員や研究者は、機会があるたびに、子どもの発達に関与する保護者や教員、保健所、教育委員会などに知らせ、早急に適切な対応を行うことを求めてきました。ようやく文部科学省は、JSL 教育※24 や JSL 対話型アセスメント（DLA）※25、特別の教育課程による正規授業としての日本語教育などの導入などを進めてきています。しかし、その背景にある「日本語学習が必要な児童生徒」の発達の問題についての情報などは、必要な現場に浸透していないのが現状です。これは、外国につながる子どもにとって彼／彼女たちの「人権」に関わる問題だと考えます。改めて文部科学省と地域の教育行政（都道府県、市町村の教育委員会）に早急の対応を求めます。

5.1.3　アイデンティティの危機の回避

　外国につながる子どもたちにとって、日本社会で生きていく上で、最も悩ましい問題の１つが、「自分は何人か？」というものかもしれません。わた

※ 24　ESL (English as a Second Language 第二言語としての英語) に相当する日本語の教育で、学校教育において子どもたちを対象に行われるものを指します。「第二言語」は、主に当該社会の主流言語を指します。
　　関係文部科学省ホームページ：
　　http://www.mext.go.jp/a_menu/shotou/clarinet/003/001/008/001.htm (2017年 11月 30日検索)
※ 25　第二言語としての日本語について、対話運用能力を評価するのに用いられる指標です。文部科学省では、ホームページで、「学校において児童生徒の日本語の能力を把握し、その後の指導方針を検討する際の参考としていただくため、「外国人児童生徒のためのJSL対話型アセスメントDLA」を作成いたしました。外国人児童生徒等に関わる方々に、積極的な御活用をお願いします」としています。
　　関係文部科学省ホームページ：
　　http://www.mext.go.jp/a_menu/shotou/clarinet/003/1345413.htm (2017年 11月 30日検索)

しは、以前「在日」の大学院生から、博士後期課程に進むときに、大学事務局に対し、これまで通名（日本名）で登録してきたものを、本名（朝鮮名）での登録に変更するよう申し出てきたという報告を受けたことがありました。そして次のようなことを語ってくれたのです。「自分はこれまで親から絶対に在日だということを明かしてはいけないと言われてきた。そして、これまでで一番辛かったことが、自分のことを何でも話してくれる親友から日本名で呼ばれるときだった。それは、自分は親友にほんとうは一番伝えなければならないことを隠していると思わされる瞬間だったからだ。名前は親友から頻繁に呼ばれるのでとても辛かった」と。さらに、その後、まったく同じことを、今度は中国帰国者である県の中学校で英語教師をしている人からも聞きました。この国は、外国につながる人たちに同化を迫る体質を、在日の問題としても克服できず、さらに中国帰国者の問題としても克服できなかったわけです。そして、この「自分は誰なのか」を伝えることに関する問題は、現在の外国につながる子どもたちにとっても大きな問題となっているのです。このように見てくると、この問題は、外国につながる当事者側の問題ではなく、いまだに続いている日本社会側の「踏み絵」を用意し、外国につながる人たちに「同化さもなくば排除」を迫る文化にこそ由来しているのだと思われます。

　これら「文化」を変えることは、かなりの時間を要することだと考えます。しかし、これによって不登校、不就学※26になる外国につながる子どもたちがいる以上、同化圧力からの解放は緊急対応として必要なことと考えます。

5.1.4　偏見、差別、いじめからの解放

　外国につながる子どもたちに対する偏見、差別、いじめ等が起こる原因は何でしょうか。2.2では、母語や継承語の学習が難しい理由として、「子どもたちに対する『みんなと同じ』を強いる学校文化、社会文化」を挙げました。「偏見、差別、いじめ」等もこの学校文化、社会文化が根本的な問題要因だ

※26　学齢期の児童・生徒が、日本の公教育の学校、外国人学校、インターナショナルスクール等、いずれの学校にも在籍していない状態であることを示すものです。「不登校」は、在籍がある児童・生徒が長期に欠席する状態であることを示すものです。

と考えます。

　2.2でも述べましたが、これによって外国につながる子どもだけでなく日本人の子どもも含めすべての子どもが自らの言行を一歩間違えたら「偏見、差別、いじめ」等の対象にされるとの緊張感を抱えて行動していると言えるでしょう。しかしながら、外国につながる子どもがいかに言行に注意していようと、外見や日本語などすぐわかる「違い」が少なくなく、「みんなと一緒」がもともと難しいわけです。それでも、上の「本名」と「日本名（通名）」のエピソードもそうですが、外国につながる子どものうち少なくない者たちは、痛々しいほど日本人になりきろうと努力しています。

　それでも、ほとんどの外国につながる子どもが、「違い」を指摘され生け贄にされたことがあると訴えています。かつてわたしが関与した子どもでいじめを受けたことがないという子は、1人だけでした。

　ということで、この「偏見、差別、いじめ」等を根本的に解決するには「みんなと同じ」を強いる学校文化、社会文化を変えなければならないので、社会の構造改革をめざさなければなりません。これについては、次節で考えたいと思います。しかし、「偏見、差別、いじめ」等を受けている、受けそうになっている外国につながる子どもがいる場合、緊急の「介入※27」が必要です。これは、多くの場合、教員の役割です。まず前提条件として、外国につながる子どもを受け入れたクラスや学校がマジョリティである受け入れ側の子どもたちに、日頃からホストとしての心構えや接し方を示唆していることが重要です。その上で、「偏見、差別、いじめ」等が起きそうだったり、起きてしまったりしたときは、毅然として介入しやめさせる必要があります。顔色を変えて糺すくらいがよいのではないでしょうか。大人の真剣さが子どもに伝わることが重要です。もちろん、行為をやめさせた後では、「偏見、差別、いじめ」等の原因について、双方と第三者の子どもたちの意見をしっかりと聞く必要があります。その上で教員としての判断を理由も含めて全体に対し丁寧に説明し、それに対する意見をしっかり聞くという「やり取り」を行いたい

※27　英語の「Intervention」にあたる日本語で、何らかの危機的状況に対し、公的な役割を担った人や機関が人道的な緊急対応をすることを指します。

第1部　「多文化共生社会」再考　　39

と思います。まず、教員が緊急の介入をするということが何よりも重要です。教員が見て見ぬふりをしたり、「偏見、差別、いじめ」等をしている側に立ったりすることがあってはならないのです。あるケースでは、外国につながる子どもから「先生が、いじめられるほうにも問題があると言った」と聞かされたことがあります。マイノリティがみんなと同じように行動ができなかったり、どうしてみんながしているのかが飲み込めず躊躇したりすることはよくあることです。マジョリティ側には、それらを許し寛容に受け入れながら、わかるように丁寧に説明することが期待されているわけです。教員もホスト側の子どもたちが寛容になれなかった状況について反省することは必要ですが、それ以前に問題があったときに間髪を入れず介入することの重要性を理解してほしいと思います。

5.2　社会変革をめざした長期的取り組みに向けて

　上の 5.1 では、多文化社会におけるマイノリティ問題に対する緊急対応の必要性について例を挙げて説明しました。5.2 では、個人が変わって（自己変容）、その個人が社会を変える（社会変革）ための長期的取り組みについて述べていきます。

　「対等的多文化共生」をめざすためには、人々の意識をそれにふさわしいものに変え、その上で人々が参加する形で制度やシステムをつくり上げていって、この社会の構造そのものを変革していかなくてはそれが果たせません。ですから壮大な社会構造変革プランをつくって、それに沿って一つひとつ取り組みを積み重ねていくことがよいのかもしれません。しかし、一般的にはこれまでの社会の変化が計画に沿ってなされたというものよりも、さまざまな文脈が有機的に関係し、化学変化的に「なるようになった」のではないかと思います。もちろん、国家規模でめざすべき方向性やミッションを決めるということは重要なことでしょうが、社会のあり方を計画的に変化させていくというのは違うのではないでしょうか。本項のタイトルも最後に「向けて」ということばを加えたのはそういう理由からです。

　さて、5.1.4 でも、根本的に学校文化、社会文化を変えるためには社会構造を変革する必要性があると言いました。しかし、「偏見、差別、いじめ」

等に対しては緊急対応が必要だとしました。ところでこの緊急対応を誠実に行いその積み重ねが、社会変革につながっていくとは考えられないでしょうか。

5.1.4の例は子どもの学校に関することですが、外国につながる子どもをクラスや学校に受け入れることを契機に、クラスや学校の「人権教育」全般を進める取り組みにつなげたり、「多文化教育」を取り入れたりすることが試みられています。教員等の団体[28]がそれらを進めるための研究協議の場をもっています。

また、大学では日本人学生と留学生とが一緒に受講する参加体験型の多文化コラボレーション授業を開設しているところ[29]もあります。しかし、これらの取り組みは、現状では「点」であって、やっと連携し研究会を行うなど細々とした「線」になりかけているにすぎません。これらを「面」に広げていくことがどうしても必要です。

どうすれば「線」を長くし、「面」に広げていくことができるでしょうか。わたしには、1つの作戦があります。それは、学校や社会におけるこのような取り組みはマイノリティのためだけでなくマジョリティも含めたすべての人々にとって必要なものだということをマジョリティ側に理解させていくことです。学校教育における「偏見、差別、いじめ」等の克服はどんな子どもにとっても必要で、一人ひとりの多様性が受け入れられることは誰もが願っ

---

[28] 近畿地方では、以前から府県レベルや市町村レベルで「在日外国人教育研究協議会」が組織されていました。当初は在日韓国・朝鮮人児童・生徒を対象として発足したものでしたが、現在ではニューカマーの児童・生徒も対象としています。大阪府・市の場合、ほとんどの学校が参加しています。同様の活動が他の地域にも広がっています。全国組織として「全国在日外国人教育研究協議会」(全外教)があります。ホームページは以下を参照のこと。
全外教ホームページ：http://www.zengaikyo.org (2017年11月20日検索)

[29] 現在、北海道大学国際教育研究センター等による「多文化交流科目」や立命館大学教養教育センターによる「異文化交流科目」が知られています。1990年代から、大阪大学、信州大学等でも行われてきました。
北海道大学関係論文：https://eprints.lib.hokudai.ac.jp/dspace/handle/2115/59655 (2017年11月20日検索)
立命館大学関係ホームページ：http://www.ritsumei.ac.jp/liberalarts/international/intercultural/ (2017年11月20日検索)
村田晶子(編著)(2018).『大学における多文化体験学習への挑戦』ナカニシヤ出版.

ていることでしょう。すでにマイノリティ問題でその取り組みをして、マジョリティを含め全体に対して効果を上げている学校は、マジョリティの問題克服にとっていかに効果があるかに重点を置いて情報提供したり、教育行政もそこを強調しながら広報したりするとよいと思います。同様に、大学の多文化コラボレーション授業についても、日本人の学生にとってこの授業はダイバーシティ教育として真のグローバル時代に必要な意識と能力を形成するものだということを強調するとよいと思います。

　かつては、地方公共団体の議員が「外国人は票にならない」として地域の外国人問題に積極的な関わりをしなかったのですが、現在は外国人問題に関心を持つ日本人有権者も増えてきて、外国人は票になると言う議員も出てきました。今後、地方参政権が外国籍住民にも付与されるようになるとさらに状況は変わるでしょう。つまり、現状にあって、マジョリティ側に自分たちの利益、自分たちに関わることだということを知らせていくことが肝要なのです。

　そのためにも大切なことが、日本人と外国人が同じ地域社会で生活しながら関わることがほとんどない現状を変えていくことです。相互に同じ「人」として、地域住民として、相手を「実感」することからしか、相互理解は生まれません。そのためには、まず「出会うこと」が大切です。出会い、関わることがなければその先の関係には進まないのです。

　地域の国際交流機関や団体、市民グループなどが主催する交流イベントが増えてきています。これは出会いの場としてたいへん貴重だと思います。ところで、一時期よりは増えたとはいえ、このイベント企画に当事者である外国人住民等が企画側スタッフとして参加していることがまだまだ少ないと思います。地域社会を日本人住民も外国人住民もともに生きやすいものとするためには、双方が知恵を出し合い、どうあったらよいかを協議し、決めていく必要があります。であれば、交流イベントを企画するにあたっても、双方が企画グループのスタッフとなってともに参画すべきではないでしょうか。企画はいつもマジョリティ側がして、マイノリティ側は「お客さん」としてだけ参加というのはいかがなものでしょうか。

　このような出会いの場から、同じ市民同士としての恒常的関わりに発展さ

42　　第1部　「多文化共生社会」再考

せていくためにはどうしたらよいでしょうか。わたしは、そこにこそボランティア日本語教室の役割があると思います。ただし、ボランティア日本語教室の役割とは、現状の日本語、日本文化の学習を進め日本社会に適応、同化させるというものとは違う役割が求められます。

5.3　ボランティア日本語教室の役割

　第 1 部の最後に、ここまで述べてきた「戦略的同化」やマイノリティ、マジョリティ双方が「個人が変わって（自己変容）、社会を変える（社会変革）」ことに対して、地域のボランティア日本語教室が果たすべき役割が大きいことを指摘します。そして、その地域日本語教室の取り組みを真の「多文化共生」の取り組みにつなげるために筆者が考えていることを述べたいと思います。

　1.1 で、わたしが地域における日本語学習・支援活動には目的の違う 2 種類のものが必要だと考えていることに触れました。その 1 つが「社会への参加をめざした言語習得」を目的としたもので、これは「補償教育」として教育行政などが教育活動として責任を持って行うべきだとしました。では、それならば外国人移住者を日本社会への同化、統合することになるのではないかという疑問が出るでしょう。それは当然で、正直に言うと、「移住外国人が日本語を学ぶ」という行為はどんな学び方をしようが、実態として 100 パーセント「同化」をめざすものなのです。そしてここが肝腎なのですが、誰が日本社会への同化をめざすかというと、移住外国人自身がめざすのです。「戦略的同化」ということばがありますが、マイノリティグループがメインストリーム（主流）の中に自らの地位を獲得していく過程で一時的にメインストリームの文脈に自らが同化することで、とりあえずマジョリティ側に受け入れさせるのです。マイノリティであろうと誰でも人として同じくそれぞれの意志や能力があり魅力があるわけです。それらは受け入れられてこそ理解されるものです。まずは、メインストリームの土俵に上がらなければ、なにも始まりません。文字通り「社会への参加をめざした言語習得」なのです。それと、これもすでに指摘しましたが、マイノリティ問題の克服は、マイノリティ自身が主体となって取り組むことが肝要です。マイノリティが社会の主

流言語を習得してこそ、所属している社会において自らの「声」※30 を持つことができ、メインストリームとの関係が築けるのです。

　さて、もう一方の地域における日本語学習・支援活動の目的は、「社会の変革をめざした相互学習」だとしました。こちらのほうは、わたしが考える本来のボランティア日本語教室の目的になるわけです。ここで最も大切なことは、ともに学んだことをボランティア日本人住民等が日本社会側に発信し、賛同者を1人でも多くつくっていくことだと思います。

　そしてそのために「ともに学ぶ」内容ですが、1つは、移住外国人等の側が日本語や日本について学ぶのであれば、日本人等の側は移住外国人等の言語や社会文化について学ぶことが必要でしょう。もう1つは、移住外国人等の側も日本人等の側も、より生活しやすくするために当該社会をいかに改善していくかを検討することです。自分たちがすべきことはその取り組み方を考えたり、当該社会や日本政府に要求していったりするとよいと思います。さらには、日本と移住外国人の母国との関係を学び合い、地球規模の人の交流、地球規模の自然環境、社会環境の問題を話し合うなどということまでしていきたいです。

　例えば、川崎市の一部の市民館では、「識字・日本語ボランティア」入門研修で、参加日本人等が誰も知らない言語の入門学習を直説法※31 で行っています。同じく、「外国人市民との町歩き」というタイトルで、先輩外国人学習者とボランティア志望研修生が一緒に、地域のスーパーや銀行、区役所、病院など日常の生活で関わることの多い場所を訪れ、それぞれの場所やそこに行く道中で、主に日本に来て間もない頃、困難に感じたことについて説明を受けるということをします。バス停の標示物やバスの行き先表示板が漢字しか書いていなくて困ったことなどや病院の問診票も日本人しか対象としていなくて漢字にルビがなかったり生年を元号で書くようになっていたりする

※30　ここでは、自らの感情や状況、思い、意見などを伝える「媒体」となることばのことを指します。逆にそのことばで、相手からも伝達が行われます。この「声」については筆者が関係したものとして田中望・春原憲一郎・山田泉（編著）(2012) があります。

※31　外国語、第二言語教育において、教授者が学ぶ対象の言語のみを使用して指導する形式を言います。ダイレクトメソッド (Direct Method)。

という指摘など、ボランティア希望者からは一緒に歩き訪ねることで身近なところにある「ともに生きる」社会にするために必要なことに気づかされたという感想が聞かれます。

これらは、ボランティア志望の市民への入門研修ですが、教室活動で応用すること、さらには発展させ、教材作成などと結びつけることもできるでしょう。

これらのことは、地域日本語教室から発信し、最近はミニコミやマスコミ等も関心を示しているのでその協力を仰ぎ、行政等の国際交流機関とも連携を取って、地域社会に訴えかけていけるのではないかと思います。文化庁の調査[32] では、現在（2016 年 11 月）のボランティア数が 22,043 人となっています。また外国人移住者の集住地域と散在地域では、教室数の偏りはあるものの、ほぼ日本全国に広がっています。わたしは、地域日本語教室の活動対象を外国人移住者だけではなく、地域社会の行政担当者やすべての住民にも広げることで、地域社会を多文化共生社会に変えていくことにつなげていくことができると考えます。もちろんその方法は、「戦略的同化」になるでしょう。地域日本語教室は、日本全体を束ねるものこそまだできていませんが、県レベルやそれを超えた複数の県にまたがる「地域ネットワーク」ができて、四半世紀を超えています。

ところで、現状では「社会への参加をめざした言語習得」を目的とした地域日本語教育が本来取り組むべき公的機関によってなされているものがほとんどないと言いました。そして、ボランティア日本語教室に「社会への参加をめざした言語習得」を求めて学習者が来ているわけです。

しかし、これに対しても 1.1 で触れたように、本来、ボランティア教室の目的は、「ともに学ぶ」ことなのだからと、一方的に日本語を「教える―学ぶ」という関係をつくってはいけないということがあります。教室での外国人移住者等と日本人等との双方を指す用語（「先生／生徒」「学習者／支援者」な

※32　文化庁国語課「平成 28 年度　国内の日本語教育の概要」p.17.
　　　文化庁ホームページ：http://www.bunka.go.jp/tokei_hakusho_shuppan/tokeichosa/nihon-gokyoiku_jittai/h28/pdf/h28_zenbun.pdf（2017 年 9 月 21 日検索）

ど）をどうするかも問題になっていることを述べました。ところで、どうでしょうか、わたしも地域における日本語学習・支援活動の2種類は分けるべきだと言ってきたのですが、この際、こちらも「戦略的同化」でいくという選択もあるのではないでしょうか。日本は為政者をはじめとして、中央省庁、地方公共団体など公的機関は、知らんぷりを決め込んでいるのです。その体質を糺していかなければなりませんが、「支援者」側がきれいごとを言っていては、当事者を孤立させ見捨てることになります。ボランティアでも、できる人、すべきだと思う人は、「先生」になってもよいのではないでしょうか。もちろん、したくない人、すべきではないと思う人はする必要はありません。ただ、当事者の「戦略的同化」を支援するために「先生」をしている仲間を認めてあげてほしいと思います。その上で、併行して、その役割を本来担うべき公的機関と日本社会全体に大きな声で、しっかりと取り組むことを求めていきましょう。

　何よりも「戦略的同化」作戦によって、人々の意識を変え、社会構造を「多文化共生」にしていくことはマジョリティを含めすべてのこの国に帰属する人々にとって望ましいことなのですから。

　これらの多文化共生の取り組みを、地域日本語教室から行っていくために、わたしが日頃考えているのが以下に挙げた事柄です。最後に、それぞれ、簡単に説明しておきたいと思います。

⑴　NPO法人「地域日本語学習全国ネットワーク」（仮称）の創設
⑵　地域日本語教室、日本語ボランティアネットワーク等に多文化共生コーディネータ配置
⑶　関係研究分野として「言語政策」、「言語管理」等の活性化推進
⑷　関係地域行政間の連絡協議会の組織、運営
⑸　中央省庁の連絡協議会、都道府県・市町村関係部局とNPO法人のSNSネットワーク化

(1) NPO法人「地域日本語学習全国ネットワーク」(仮称) の創設

　地域国際交流機関、団体や社会教育施設などの日本語教室、草の根ボラ
ンティアによる日本語教室等による地域、県、数県レベルのネットワーク活動
が全国に点在していますが、それらを束ねる形での全国ネットワーク組織機
能を果たすNPO法人を設置します。このNPO法人の設置目的は、移住外
国人等の日本語・日本文化学習支援だけでなく、日本社会の多文化共生推進
のためのホスト社会のマジョリティに対する多文化教育[33]であると言明し、
上記「教室」等を通じて日本社会に多文化教育の普及推進に重点を置く活動
も展開するものとします。そのため次の (2) の多文化共生コーディネータの
養成も中心的な事業の１つとします。これらは、総務省、文科省・文化庁、
厚労省等の中央省庁や関係学会、地域行政等、大学、研究機関との連携、調
整を通じて行い、日本社会の多文化共生推進の中心的役割を果たします。

(2) 地域日本語教室、日本語ボランティアネットワーク等に多文化共生コーディネータの配置

　現在、地域日本語教室にコーディネータの配置が進められています。これ
らコーディネータの重要な役割として、地域日本語教室を日本社会の「多文
化共生」を推進するための発信基地とするというものがあります。つまり、
移住外国人の日本語、日本文化学習を進め日本社会に適応させるという一方
的適応ではなく、マジョリティ側である日本人、日本社会を多文化に適応さ
せるための地域日本語教室機能も併せてコーディネートするというもので
す。日本人と移住外国人とがともに学ぶことで、移住外国人ともども日本人
にも、地域社会の多文化共生の必要性を理解させ、さらには主権者としてこ
の国のあり方に、そして、地球市民としてグローバル世界のあり方に、とも
に責任を持つ主体としての意識と能力を養成していくという役割を担うとい

---

[33]　松尾 (2013) は、「マイノリティの視点に立ち、社会的公正の立場から多文化社会における
　　多様な人種・民族あるいは文化集団の共存・共生をめざす教育理念であり、その実現に向け
　　た教育実践であり教育改革運動でもある」(p.29) としています。筆者は、さらに加えて、地
　　球規模の問題を理解し、地球市民として同じ地球市民と連帯し克服に向けて取り組むべきこ
　　とをこの教育の基本的な視点として盛り込む必要があると考えます。

うものです。

　文化庁では「地域日本語教育コーディネーター研修」(http://www.bunka.go.jp/seisaku/kokugo_nihongo/kyoiku/coordinator_kenshu/) (2018 年 10月 3 日検索) を行っています。これは、以下のような経緯によるものです。

　2007 年 7 月に文化審議会国語分科会日本語教育小委員会が設置されました。そこでの提言の 1 つに「地域日本語教育」現場における、恒常的に身分が確保されたコーディネータの養成、配置の必要性がありました。コーディネータには、システムコーディネータ（どのような機構をつくるかのアドバイスを担当）とプログラムコーディネータ（学習・教育内容、方法のアドバイス担当）があるという指摘もなされました。この両者のコーディネータ業務を別々に分担しても、1 人の人間が兼ねてもよいとしました。

　これら文化庁の取り組みは評価されてよいと思います。それに加えて、ここで言う「多文化共生コーディネータ」の役割は多文化共生をめざした活動のあり方をアドバイスできるようにするというものです。その養成は、上の⑴ が担い、定期的な研修、再研修等も行います。コーディネータの主な役割を挙げると下のようなものがありますが、いずれも移住外国人側だけでなくホスト社会のマジョリティ側が変わること（自己変容）によって多文化共生社会に変える（社会変革）主体になることをめざしています。

・外国人移住者対象と日本社会側対象、双方の「多文化共生」学習のコーディネート
・教室内外でのボランティア、学習者等当事者間の相互研修のコーディネート
・行政等に対する当事者からの意見のアドボカシー
・教育活動、教材作成等のコーディネート
・関係分野間の連携コーディネート

　学習コーディネータに求められる資質、能力とは、自らの力を過信せず、謙虚に、さまざまな専門能力を持った人や組織等の力を借り、それらを有機的につなげ合い、学習者に必要な学習素材を組み立てるというものだと考えます。「多文化共生」のための学習は、学習者にとって身近な地域社会とい

う足下の多文化状況がどのような国家レベルの問題、地球規模の問題から起こっているのか、種々の専門分野からの情報を収集することによって学ばれる必要があると言えるでしょう。学習の方法として一例を挙げれば、日本社会の少子高齢化による生産年齢人口減少を埋めるべく導入している「外国人技能実習制度」が大きな社会問題になっていることと、自らの地域日本語教室に技能実習生が学習者として来ていることをどのように結びつけて、「多文化共生」学習とするかといったものがあります。これらは、経済グローバリゼーション研究者、成熟社会（定常社会）日本のあり方を提言している経済関係の研究者やアナリスト等からの意見聴取と、2017年末現在であれば数回にわたって特集しているNHKの外国人技能実習制度と日本語学校関係についての番組視聴等を組み合わせて学ぶことが考えられるでしょう。その後で、教室の技能実習生当事者とその他の移住外国人学習者、日本語ボランティア等による「日本は、労働開国すべきか？」といったテーマでのディスカッションやディベートを企画コーディネートするなどということが考えられます。

(3) 関係研究分野として「言語政策」、「言語管理」等の活性化推進

　1990年代初頭から、日本語教育関係の実践、実務、研究等に従事する人たちから、「言語政策」「言語管理」等の視点からの言語学習・教育・運用に関わる研究の必要性が指摘されてきました。しかし、現在、そのような研究活動がかなり少なくなっています。多文化共生社会創設に関係する言語管理のあり方を模索していくために、これらの研究を再び活性化していくべきだと思います。

(4) 関係地域行政間の連絡協議会の組織、運営

　移住外国人の生活面に関わる地域行政は複数の部局にまたがるにもかかわらず、これまで、それらを連携し一元化する統合した部局がないのが現状でした。地域行政に「多文化共生推進課」など、関連部局の連絡、調整を担当し、移住外国人との多文化共生に関することはここがまずは一元化するという部局の設置が必要です。

(5) 中央省庁の連絡協議会、都道府県・市町村関係部局とNPO法人のSNSネットワーク化

　これまで、中央省庁の連絡協議会は文化庁が主催する形でありましたが、地域行政やこれから設置が求められる (1) との合同した連携体制はありませんでした。それをSNSネットワーク化も含め、恒常的に進めていくことが求められます。

　以上、第1部では、日本社会における「多文化共生」について考えてきました。最終節ではそこに至るために「戦略的同化」が必要なことを述べました。しかし、本来それでは先進国のマジョリティ側としては、なんとも恥ずかしい限りではないでしょうか。マジョリティ側が現状を的確に認識し、マイノリティ側にそこまでさせなくとも、寛容的に受け入れ、ともに生きやすい社会をつくっていくという「決断」をしてほしいのは言うまでもありません。

参考文献

G. ホフステード・G. J. ホフステード・M. ミンコフ (2013).『多文化世界』第三版. (岩井八郎・岩井紀子 (訳). 有斐閣.

大沼保昭・徐龍達 (1986).『在日韓国・朝鮮人と人権 —日本人と定住外国人との共生を目指して—』有斐閣.

黒川紀章 (1987).『共生の思想 —未来を行きぬくライフスタイル—』徳間書店.

田中望・春原憲一郎・山田泉 編著 (2012).『生きる力をつちかうことば—言語的マイノリティーが <声を持つ> ために—』大修館書店.

松尾知明 (2013).『多文化教育がわかる事典 —ありのままに生きられる社会をめざして』明石書店.

三谷太一郎 (2017).『日本の近代とは何であったか —問題史的考察—』岩波新書.

村田晶子(編著)(2018).『大学における多文化体験学習への挑戦』ナカニシヤ出版.

山田泉 (2002).「地域社会と日本語」細川英雄(編),『ことばと文化を結ぶ日本語教育』凡人社.

山田泉(2007).「京都フォーラム資料」第73回公共哲学京都フォーラム(2007年3月31日)

第 2 部

| 第2部 | 1章 | 「多文化共生」と子どもたち ―子どもたちが希望ある未来を迎えるために― |
| | | 田中宝紀 |

1 海外にルーツを持つ子どもたちが学ぶ現場から

今、わたしの目の前では小さな「教室」(YSCグローバル・スクール：以下、YSCGS) の机と椅子を総動員しても足りないくらいの数の海外にルーツを持つ子どもたちが、日本語や学校教科の勉強に励んでいるところです。

このYSCGSは、おそらく現時点では全国的にみても珍しい民間による「海外にルーツを持つ子どものための専門教育支援事業」です。ボランティアではなく、常勤職員4名と非常勤職員9名が月曜日から金曜日の、朝9時15分から夜7時30分まで勤務しており1日当たり約50名、年間100名程度の学びをサポートしています。

東京都の西の端っこに位置するYSCGSの小さな教室には、十数カ国にルーツを持つ子どもたちが東京都内だけでなく、遠くは千葉県や埼玉県、神奈川県などからも学びの機会を求めて集まってきます。都内在住であっても、スクールのある地域へのアクセスは決してよいわけではなく、多くの子どもたちが電車やバスを乗り継いで通所しています。最も遠い子どもで片道2時間、都内であっても1時間の道のりは珍しくありません。これほど遠方であっても、YSCGSに通う子どもたちがいるのは、それだけ子どもたちの生活する地域や学校でのサポートが不十分であることの証左でもあります。

わたしたちがサポートする子どもたちのバックグラウンドは多様で、国籍やルーツ、年齢だけでなく、滞日年数もそれぞれに異なります。YSCGSでは午前中から午後の早い時間帯は主につい先日来日したばかりという新規来

第2部　1章　「多文化共生」と子どもたち　53

日の子どもたちが学び、夕方から夜間にかけては日本で生まれ育ったり、幼少期に来日したという子どもたちが交代で学んでおり、それぞれのフェーズで課題に直面しつづけている姿を目の当たりにします。

1.1 日本社会の入口に立つために努力を強いられる新規来日の子ども

よく YSCGS に平日の昼間に見学に来た人が「なぜこの子たちは昼間にここにきて学んでいるのですか？　学校には行っていないのですか？」と聞きます。この時間帯に学ぶ子どもたちは、正確には「学校に行くことができない」状況または「学校に行く前段階のサポートが必要」な状況に置かれています。

例えば、外国人保護者が学齢期の子どもを日本の学校に就学させようとある自治体の窓口に赴いたところ、担当者から「日本語ができないまま学校に来ると（支援もない状況で）本人にとってかわいそうだから、日本語を勉強してから手続きをしてください」と言われ、YSCGS を紹介されてくるようなケースは少なくありません。

また、海外で育ち、海外の中学校 3 年生相当を修了してから来日した 15 才以上の若者たちの場合、日本の公立中学校に転入することは難しいため、自力で高校入試に合格する必要があります。こうした若者たちが、さながら「高校進学予備校」のように通ってきているのも、昼間の YSCGS の受講生の特徴です。

毎日、朝早くから電車を乗り継いで日本語を学びに通う子どもたちの姿を見ていると、彼／彼女たちが日本社会の入口に立つために、いかに多くの努力を自己責任の下で必要としているか（あるいは努力せざるを得ないか）について考えさせられます。

1.2 「みんなと一緒」に追い込まれる日本生まれ・日本育ちの子ども

一方で、あと数時間も経つと昼間の子どもたちの授業が終了し、交代で日本生まれや幼少期来日など、これまでの人生の大半を日本で過ごしてきた小中学生が放課後学習のために続々とやってきます。彼／彼女たちの日本語の日常会話はネイティブレベルで、YSCGS には「日本語を学ぶ」ためではなく、学習塾として教科を学ぶために通ってきています。

日本社会の中で人生の大半の時間を費やしてきたことによってか、この放課後に学びにやってくる子どもたちは、話し方、仕草、好きな芸能人、ドラマ、音楽など、同じ年代の「日本人の子どもとの違い」を見つけることが難しいほど、ある意味で「同化」をしているように見えます。肌の色など見た目の違いが目立たなければ、海外にルーツを持つことを気づかれない場合すらあるでしょう。（実際に、学校の先生ですらある生徒のルーツが海外にあることを知らなかった、ということもありました）

　しかし時折、子どもたちの口から、「日本人でない自分の親」や「見た目が違うことで経験したいじめ」についてポロポロとこぼれるように出てくることがあります。そうしたときの子どもたちは、どこか怒っているような、悲しいような表情をしているように見えます。山田泉さんが第 1 部の 2.2 (p.20) で言っているように、彼／彼女たちが「自らの中にある「外国人性」を払拭することに努力」したり、「外国人性は人前に出したくない」と思っている様子は、YSCGS の現場でも、特にこうした日本での生活が長い子どもたちによく見られ、子どもたちの直面する困難の複雑さに心が痛みます。

1.3　母語・継承語、母文化に対する支援の難しさ

　海外にルーツを持つ子どもたちのさまざまな教育上のニーズに応えようと 2010 年から活動を続けている YSCGS ですが、どうしてもいまだに取り組みきれていない領域があります。それは母語・継承語と母文化・継承文化に対する支援です。

　山田さんが第 1 部の 2 節で書いているように、母語・継承語や文化継承を支えることの重要性は、目の前の子どもたちを見ていて痛感しています。それでも現在までその課題に対して取り組みきれていないのは、「現実問題」として、YSCGS ではこれまでに約 30 カ国にルーツを持つ子どもたちが在籍し、さらに毎年子どもたちのルーツや母語が多様化の一途をたどる中で、母語支援リソースをすべての子どもたちに提供しきれないことが最も大きな要因です。スペイン語、中国語、フィリピン語など、YSCGS における「マジョリティ」が話す言語に限定すれば、ある程度の支援は可能となりますが、フィリピンにルーツを持つ子どもにもタガログ語母語の子どもとビサヤ語母語の

第 2 部　1 章　「多文化共生」と子どもたち　　55

子どもがいるなど、支援の線引きが難しいのが実情です。

どうしても日本語教育の優先度が相対的に高くなってしまわざるを得ず、親や本人たちの「ニーズ」も現段階ではそこにとどまっています。ともすれば、母語や継承語を喪失する手助けをすらしているのではないかと、自分たちの事業に対する恐怖もあり、特に「就学前教育」が愛知県などの先進地域でトレンドとなった時期にも、その領域に手を出すことはできませんでした。母語教育不在のままで日本語教育を幼児段階で強調しすぎてしまうことで、家庭の中での母語育成機能を心理的に弱めてしまうのではないかと考えたからです（今は、回数と時期を限定して「保護者支援」の一環として実施しています）。また、すでに母語も文化も「喪失」している日本生まれ日本育ちの子どもたちや、日本国籍を持ち、「わたしは日本人だから」と、崩れそうなアイデンティティを必死に支えようとしている思春期のただなかにある子どもたちに対して、母語や文化を（再び）目の前に差し出すことについても、タイミングや進め方を誤ると取り返しのつかないことになる恐れがあり、及び腰にならざるを得ません。

こうした支援者側の抱える葛藤はしかしながら、ただの言い訳にすぎないと不甲斐なく思う部分も長年抱えてきました。わたし自身は実務家であり、課題があり、それに気づいている。しかしそれを解決する術は、山田さんが24ページで指摘した通り、「そんなことを言っても、外国につながるすべての子どもの母語に対応するのは現実的ではない」と言わざるを得ない状況であったのです。こうした状況に対する「解」を探り、実現可能な状態に近づけるために何ができるかを実践的に考えることこそが、行政でも学校でも企業でもない、YSCGSのようなソーシャル・セクターが背負う使命であると思っています。

1.4 子どもたちにとっての「多文化共生」

もちろん子どもたちが抱える課題は滞日年数に関わらず、一人ひとりが異なります。なかにはことばの壁や貧困、いじめやネグレクトなど何重もの苦しみを1人で背負う子どももいますが、彼／彼女たちに共通しているのは、日本社会において海外にルーツを持つ子どもたちは「マイノリティの子ども」

として、自ら日本社会に向かって歩んでいかなければ、その入口が開くこともなくようやく入口をくぐった後でさえ同調圧力と格闘したり、自らの個性を消し去ろうとしたりと、マジョリティであれば不要な努力を強いられているという点です。また、マジョリティ側からの歩み寄りは小さく限定的で、母語や母文化の継承など、彼／彼女たちが「人として生きる」ために当たり前の権利も簡単に失ってしまうような状況です。

山田さんが第1部の「3　誰のための『多文化共生』」で「現在までこのことば（多文化共生）を使っているのがマジョリティの日本人側で、外国人移住者など『マイノリティ』側が使うことがほとんどないということです（括弧内は筆者による）」と指摘した通り、子どもたちは「多文化共生」ということばを使うことがありませんし、おそらく大半の子どもがその日本語すら知らないのではないかと思います。

わたしたちが出会う子どもたちの大半は、海外にルーツを持つ大人と異なり、自らの意志で日本にやってきたり生まれたりしたわけではありません。子どもたち自身には選択の余地すらない状況で日本語を学ばなければ基礎学力を身につける機会すら得られず、自分の見た目が「みんなと違う」ことに悩み苦しみ、ときに知らず知らずのうちに母語が理解できなくなって親や家族とのコミュニケーション手段を喪失したりします。そんな精一杯の毎日を送る子どもたちを見ていると、彼／彼女たちにとって「多文化共生」なんて、存在しないも同義なのだろうなと感じます。

先日、インターネット上で「多文化共生2.0」ということばを目にする機会がありました。「○○2.0」とはもともとIT用語であり、従来のWebのあり方を1.0として、1.0と2.0は連続しながらも異なる質のものであるとされています。特に明確な定義がなされていることばではありませんが、一時流行語となり、従来のWebと比較した際に2.0はより「動的・双方向的」「参加型」などの要素が含まれているとされています。

「多文化共生2.0」という表現が真に意図するところは不明瞭ですが、従来の多文化共生より双方向性を持つ、マイノリティ・マジョリティの両者が参加するというような意味合いを持たせていると推測されます。このことばに込められているであろう意図を理解し、そうあれたらよいと思う一方で、率

直に「多文化共生に「1.0」は存在したのだろうか」という疑問を抱きました。おそらくその違和感の源泉は、このことばと目の前の子どもたちの現状とのギャップがあまりにも大きく、水の上に家を建てるような現実味のないことによるのだろうと思います。

2 YSCグローバル・スクールの成り立ち

　この節で少し、YSCGS の成り立ちについて説明をしたいと思います。今振り返れば、わたしたちの活動は偶然の産物のような生まれ方をしました。その経緯をなぞると、当時の政府が海外にルーツを持つ子どもたちの言語教育についてどのように考えていたのかが、透けて見えてきます。

2.1　YSCグローバル・スクールは「ハプニング」から生まれた

　YSC グローバル・スクールは、2010 年に文部科学省および国際移住機関(IOM) によって実施されていた「定住外国人の子どもの就学支援事業 (通称：虹の架け橋教室)」を受託したことからその活動をスタートさせました。

　虹の架け橋事業は、当時リーマンショックの影響で派遣切りにあった日系ブラジル人等の家庭に暮らし、外国人学校に通っていた子どもたちの多くが、学費を払えなくなったことで不就学となってしまった事態への対処を目的として作られた、3 年間という時限付きの事業です。日本語がわからなかったり、公立学校への就学手続きをどうやってしたらよいのかわからない等の理由により、不就学となった後も長い間自宅にいるしかなかった子どもたちに対して、虹の架け橋教室では (1) 日本語を教えること、(2) 学校の勉強についていくための教科学習を支援すること、(3) 公立学校への就学をサポートしたり、学校や地域社会と子どもたちをつなぐためのコーディネートを行うこと、とされました。

2.1.1　日系ブラジル人が少ない地域でも、受託が可能に

　特に主たる対象者であった日系ブラジル人等の子どもの不就学児童生徒は当時 YSC の活動拠点である東京の西部にはほとんど暮らしておらず、わた

し自身も虹の架け橋事業の存在は知りませんでした。ただ、虹の架け橋事業がスタートした 2009 年の 1 カ年で事業に参加した不就学状態の子どもたちが、おそらく当初の想定よりも少なかったことなどもあったのだろうと思いますが、2010 年度にはその対象となる子どもたちの定義が拡大されることになりました。日系人の子どもでなくても、不就学ではなく不登校状態等であっても虹の架け橋教室に通い、日本語を学んだりすることが可能となったのです。

　このような経緯で、事業開始の 2 年目である 2010 年度より、YSCGS は虹の架け橋教室を受託運営することになったのですが、今でもあらためて驚くのは、この事業に対して 30 億円以上の巨額の予算が基金として組まれていたことです。さらに、事業受託者には 10 分の 10（つまり、事業に要する経費全額）が拠出され、自治体も受託事業者も金銭的な持ち出しなく、事業を運営することができました。

　こうして比較的潤沢な予算を得て始まった YSCGS の活動は、当時の東京都西部や近郊地域で「唯一」、海外にルーツを持つ子どもたちを日本語教師の有資格者等の専門家が給与を得て、仕事として平日の朝から夜まで毎日、子どもたちをサポートする事業であり、支援体制がほとんど整備されていなかった地域の学校や自治体等から「本当に助かります」と、子どもたちが続々と送り込まれてくるような場となりました。

2.1.2　ハプニングがなければ「生まれ得なかった」ことの意味

　きっと、本来の虹の架け橋事業が対象としていた日系ブラジル人等の子どもの参加が思っていた以上に少なくなければ（そして巨額の予算が消化しきれないかもしれないという文部科学省側の危機感がなければ）、YSCGS のような「専門的に海外にルーツを持つ子どもを（そこに携わる支援者が仕事として）支援する場」は、この地域には、少なくともあの時代に誕生することは（保守的な、小規模な自治体が多いということも含めて）あり得なかっただろうと思います。

　つまり、海外にルーツを持つ子どもの日本語教育や学習支援、不就学・不登校に陥った子どもたちの支援の必要性は、政府にとっては「その程度」で

第 2 部　1 章　「多文化共生」と子どもたち　　**59**

しかないのではないか。たまたま大量に確保してしまった予算が余るというハプニングがなければ、国として取り組むに値しない程度のものだったのではないかと考え、滅入るような気持ちになりましたが、その「偶然の産物」をとにかく次の一手へつなげようと当時は必死であったことを思い出しました。

3 「発信」で社会に子どもたちの存在を届ける

3.1 虹の架け橋が消えた後で

前述の虹の架け橋教室事業は「リーマンショックの影響はもう終息した」として、2015年の2月に終了しました。以後、YSCGCは支援を有料化し、授業料が支払える家庭からはお金をいただき、そうでない家庭に対しては一般の人たちからの寄付を原資として「奨学金制度」を設け、家庭の経済状況に応じて減免、無償化して対応しています。しかし、少なくない数の虹の架け橋教室受託団体が事業規模を縮小したり、事業自体を終了させることとなり、子どもたちに大きな影響を残しました。

文部科学省は虹の架け橋教室事業の後継として「定住外国人の子どもの就学促進事業」を設置したものの、自治体が主管とならなくてはならない上に、補助金も全体の3分の1という上限つきの事業であったため、「もともとその事業がなくても単独で実施するつもり」であったような「やる気」のある自治体しか受託できない枠組みとなり、残念ながらYSCGSの活動拠点がある周辺自治体では手を挙げ、受託しようという動きにはなりませんでした。

3.1.1 存続のための資金調達の過程で気づいた「発信」の重要性

「虹の架け橋教室」事業が終了して以降、有料化することで事業を維持存続させてきました。しかし、授業料だけでは事業費に不足があり、どうしても寄付やその他の助成金を必要とします。特に寄付金は「期限がなく、自由度が高い資金」としてその比率を高めたいリソースであるのですが、当然ながら、寄付金を募るためには「どういう社会的な課題があり、なぜその課題に取り組むのか」を伝え、広く共感してもらう必要があります。そして共感

60　第2部　1章　「多文化共生」と子どもたち

者が増えれば増えるほど、寄付金を集めやすくなるという好循環が起こります。

こうした事態に直面したこともあり、事業終了後からの2年間は特に「情報を発信し、伝え、海外にルーツを持つ子どもたちの『ファン』を増やす」ということを主眼に取り組んできました。寄付金獲得もさることながら、ほとんどその存在と現状が知られていない子どもたちの課題を社会化し、政策化を後押しする「世論形成」のためにも、広めていくというプロセスが重要になると考えたのです。

3.1.2 「閉じた」社会の声は届かない

わたしたちの資金調達を兼ねた「発信」は、まずはSNSを徹底的に活用することからスタートしました。「クラウドファンディング」(オンライン上で寄付を募る) プラットフォームを利用し、ブログを書き……と、情報発信を日々のルーティン業務として取り組みはじめてから改めて気づいたことがあります。それは、この (海外にルーツを持つ子どもや外国人支援にかかわる) セクターから発信される情報が、その他のソーシャル・セクターと比べると圧倒的に少ないという事実でした。また、いわゆる「社会起業家」やNPO、社会的課題支援に関心を持つ企業のCSRなど多セクターから構成されるネットワークの中にも、外国人支援や関連分野の支援者の姿がほとんどないという現実も垣間見えてきました。

今でも、海外にルーツを持つ子どもたちの現状や課題や研究などは、「もともと関心があった人や学校の先生など」の限られた、とてもマニアックな内輪の範囲にしか発信されていないことがほとんどです。関連するシンポジウムやセミナーなどで見かける顔はどこかで見たことがあるという状況も珍しくありません。

山田さんが第1部の冒頭で、日本語教員が声を上げようとしてこなかった結果、移住労働者やその子どもたちが十分な社会参加の道が見いだせずにいることについて言及しています。わたしも「多文化共生」を謳い推進してゆかんとする人々の輪が、「一般社会」に対して閉じていることに対して、疑問を持っています。

第2部 1章 「多文化共生」と子どもたち 61

端的に言えば、海外ルーツの子どもや外国人に関する課題における情報発信の重要性に対して、それを実行するためのスキルを持った人材がほとんど見られない状況は危機的であると感じています。論文は一般の人々にとっては敷居が高く、読まれません。日々の活動をつづるだけの団体の「活動報告」ブログも、関心のない人はわざわざ検索してまで読むことがありません。大手メディアによる報道も増えてはいますが、やはり実態を十分に伝え、理解を得るためには不足していますし、「いつ取り上げてもらえるかわからない」という受け身となってしまいます。自分たちが伝えたい情報を自ら発信できる人を増やすことで、能動的に声を届けることが可能となり、変化を生むきっかけを多くつくることができます。

3.1.3　能動的な発信で「わたしたち」の一歩外側へ

　閉じた社会の一部の人たちだけが知る海外にルーツを持つ子どもたちの現状や課題を、インターネット上で発信しはじめてすぐにわたしたちや子どもたちを応援してくれる人たちが現れはじめました。主に、自らも海外での生活の経験があったり、支援には携わっていないけれど、身近に海外にルーツを持つ子どもの存在があるといった人たちで、わたしたちの発信を広めてくれたり、寄付や物品寄贈などをしてくれたりとさまざまな形でアクションを起こしてくれました。また、ときには芸能人やジャーナリスト、作家、著名なスポーツ選手などが「こんな課題があるとは知らなかった」「わたしにも同じような経験がある」と海外にルーツを持つ子どもや外国人保護者への共感を示し、彼/彼女たちが拡散してくれたわたしたちの情報は、瞬く間に数千人に広がって新たな支援者が続々と見つかるということもありました。

　「発信すれば、受け取ってくれる人がいて、その人から別の人へと次々に外側へ届いていく」というインターネット上の発信ならではの経験は、これまでに海外にルーツを持つ子どもたちのことに興味関心がまったくなかった人たちにでさえ、その存在を可視化し、届けることができる可能性を、十分に感じさせるものでした。

3.1.4　点から線へ、線から面へをさらに加速させるために

　山田さんが第1部の5節で言及している情報発信の必要性に強く同意し、よりその効果を高めていくための方策をわたしなりに付け加えるとしたら、「情報発信を担う人材の育成」と「すでに社会的に影響力を持つインフルエンサーの取り込み」を同時に行っていくことが重要なのではないでしょうか。また、子どもの貧困や若年無業者など、海外にルーツを持つ子どもたちと関連性の高い領域の団体等へ働きかけを強め、つながっていくことも、点を増やし、線を面へと広げることに資すると考えます。

　例えば、「子どもの貧困」の中には、当然ながら海外にルーツを持つ子どもたちも対象の範疇に含まれるはずですが、実際にはその対象として明確に意識されることはなく、たまたま子ども食堂を開いたら海外ルーツの子どもも来たというくらいがほとんどなのではないかとみられます。こうした既存の支援リソースに「多文化コーディネート」の視点やノウハウを持ってもらえるような取り組みが進むことで、人材を含めた資源を共有化し、ある意味においては「コスト」を削減することにもつながります。

　海外にルーツを持つ子どもたちや日本に暮らす外国人のために、特別な機能を備えた、韓国における「多文化家族支援センター」のような拠点を整備することも重要な施策ではありますが、特化した支援を新たに立ち上げるためにかかる時間などを考えると、既存リソースの（再）活用の推進はより取り組みやすく、広がりやすいのではないかと考えています。「出会う」という意味合いにおいても「多文化共生『的』な場」に、関心のない人を招くことは1つのハードルとなりますが、「すでに関心のない層も利用している資源」の中で自然に出会い、関係を深める機能が付加されれば、そのハードルは低くなるものと期待されます。

4　新しい時代の希望

　2017年3月21日の日本経済新聞朝刊に、以下のような調査の結果が掲載されました。

　　日本経済新聞社が2月24〜26日に実施した世論調査で「あなたは
　　人口減少への対策として、日本に定住を希望する外国人の受け入れ
　　を拡大することに賛成ですか、反対ですか」と尋ねたところ、「賛
　　成だ」と「反対だ」がいずれも42％と賛否が真っ二つに割れた。
　　特徴的なのは回答者の年齢で差が鮮明に表れた点だ。18〜29歳の
　　若年層では賛成が約6割で反対の約3割を大きく上回った。70歳
　　以上は反対45％、賛成31％で対照的な結果となった。

　　　　　（2017年3月21日『日本経済新聞朝刊』「世論調査、賛否42％で

　　　　　　　　　　　　　　　　　真っ二つ　若年層は6割が賛成」）

　この記事を読んだとき、素直に希望を感じることができました。記事の中
で、世代間で賛成、反対の割合が大きく異なった理由を、政府関係者のコメ
ントとして「人口減少に対する危機意識の違い」と紹介していましたが、わ
たしは少し違うように感じました。どちらかというと、若い世代の人たちは
「みんなと一緒」の弊害や苦しさをそれぞれに実感してきた世代であり、多
様性の高まりによってそれによる生きづらさが打開できるのではないかと考
えているのではないかと思うのです。

　2018年1月の成人式に関連してNHKが報じたニュースでは東京都23
区内の新成人のうち、8人に1人が外国籍であることがわかりました。そし
てこのニュースはSNSを中心に大きな話題を呼んだのですが、これに対し
て寄せられた意見の大半がこの変化を歓迎するものであり、少なくない数の
著名人も同様に、歓迎の意見を述べていました。

　わたしはこの変化に、希望を感じます。現在、日本語教育推進基本法制定
をめざした動きが加速したり、「経済財政運営と改革の基本方針2018」（い
わゆる「骨太の方針」）において外国人受け入れ拡大が盛り込まれるなど、

64　　第2部　1章　「多文化共生」と子どもたち

政治的な動きが活発となっています。これまでのように、日本で暮らす外国人が海外にルーツを持つ人に対して「見て見ぬふり」をするような時代からの脱却が進んでゆく中で、ある意味でのチャンスを迎えているようにも思えます。このチャンスを生かし、新しい時代をどのように創り上げていけるか。こうして「多文化共生」を今、このタイミングで問い直す機会をいただいたことも含めて、微力ながらチャレンジを続けていきたいと思っています。

「『多文化共生』と子どもたち」
を読んで、わたしなりの意見

山田泉

1　田中さんへの「返信」

　まさに「現場」からの声ですね。教育関係者が「学校現場」などと「現場」ということばを使うと、「工事現場」や「災害現場」のような生々しいニュアンスがあると言う人がいます。なるほどと思いますが、教育現場は人間社会の機微を写したまさに生々しい「現場」なのですね。

　田中さんが「同化の入り口にすら立っていない」と言っているこれらの子どもたちが、自らの人生をかけた過酷で長く続く苦闘の中で、いつしか同化そのものが最終の目的となり、同化したマジョリティ側の視点から「外人」である肉親、果ては自分自身さえ偏見・差別の対象とすることがないよう祈ります。55ページで言っている「どこか怒っているような、悲しいような表情をする」のは、子どもたちがその一歩手前で、日本社会という巨大な岩盤に自らのアイデンティティが押し潰されそうになりながらも、必死に葛藤を生きていることの表れだろうと思います。そして、これらはまったくこの子どもたちの責任ではなく、ほとんどがマジョリティ日本人と日本社会側が生んでいる同化圧力によるものと考えます。

　田中さん自身も、ときおり子どもたちと一緒に歯ぎしりをしながら「どこか怒っているような、悲しいような表情を」しているのではないかと推察いたします。

　この子どもたちに必要なものは、田中さんやともに活動しているスタッフのような、一緒に葛藤を生きてくれる大人の存在と無条件で受け入れてくれる居場所である「現場」なのだと思います。そしてこの現場は、子どもたちの日本社会へ向けての発進基地であり、ときには暴風から身を守ることができる母港なのだと思います。

　このような子どもたちの居場所がたくさんでき、日本社会を真の共生社会に変えていくための基地ともなってくれることを願います。

2 外国籍の子どもの「義務教育」

　人の発達は一生続くもので「生涯発達」などと言われます。ところで、その中でも幼少期から青年期にかけての子どもの発達は、適切な時期に適切な支援が受けられることによってこそなされると言われます。とりわけ、知的発達は、子どもの発達年齢に応じて適切な教育を受けることが重要です。子どもの発達や教育の専門家のほとんどは、そのタイミングを逸すると取り返しがつかなくなることがあるとしています。ですから、現在、世界中のほとんどの国では公教育の制度があるのだと思われます。また、日本が締約国となっている国際人権規約（文化権規約：A規約、第13条）にも、児童（子ども）の権利条約（第28条）にも、「初等教育は義務的なものとし、すべての者に対して無償のものとすること」とあり、中等教育（日本の場合は、中学校と高等学校）についてもすべての子どもにその「機会が与えられるものと」するとして、「無償教育」の導入などを勧めています。もちろん、これら国際人権法だけでなく、日本国憲法でも、以下のようにあります。

　　第26条　すべて国民は、法律の定めるところにより、その能
　　力に応じて、ひとしく教育を受ける権利を有する。
　　②　すべて国民は、法律の定めるところにより、その保護する
　　子女に普通教育を受けさせる義務を負う。義務教育は、これを
　　無償とする。

　さて、ここで問題となるのが、日本国憲法にも「国民は」という文言で法の効力が日本国籍者に限るように記してあるので、「義務教育」は日本国籍者に限って該当するという考え方です。文部科学省関係者の中にも、対外的には外務省の中にも、そのような解釈を公式に述べる役人がいます。

　ところが、上の2つの国際人権法は、いずれも第2条で、締約国は、「国民的」「出身」にかかわらず「いかなる差別もなしに」条約の効力が及ぶことを保障するとしています。また、法務省（2002年『人権教育・啓

第2部　1章　「多文化共生」と子どもたち　67

発に関する基本計画』第4章2(7)外国人 p.31　http://www.moj.go.jp/content/000073061.pdf)（2017年11月20日検索）は、「日本国憲法は、権利の性質上、日本国民のみを対象としていると解されるものを除き、我が国に在留する外国人についても、等しく基本的人権の享有を保障している」としています。

　人権上、国際的にも、国内的にも、国籍に関係なく子どもの教育を受ける権利を認め、保護者や国、地方自治体はその権利を守る「義務」があり、そのための制度を早急に整備すべきです。これまで「外国人」の教育は対象外としていた文科省も、2014年4月から外国籍の子どもを含む「日本語教育が必要な児童生徒」に対し、「特別の教育課程」という正規の課程で日本語教育を行うとしたことは、画期的なことです。今後、日本の教育行政（文科省および教育委員会）が 日本在住のすべての子どもの教育に責任主体として役割を果たすことが求められます。

第2部

2章 多文化教育が拓く多文化共生
―日本に暮らす非正規滞在者の視点から―

加藤丈太郎

1 「多文化共生」と多文化共生

　筆者は 2017 年 3 月まで日本に暮らす非正規滞在者（在留資格のない外国人）の支援活動に従事してきました。2017 年 4 月からは、非正規滞在者が抱える問題の抜本的な解決をめざし、大学院で研究をしています。関東のさまざまな場所に出かけ、非正規滞在者やその周りの人たちに会い、なぜ、非正規滞在が発生してしまうのか、非正規滞在者を「正規」の状態へと変えるためには何が必要なのかを考えています。

　相談現場で働いている頃は、本書のテーマである「多文化共生」ということばにはとても懐疑的でした。相談は深刻な内容が多かったです。状況がすぐには好転しないことから、筆者に感情をぶつけてくる相談者もいました。闘いの途上で、病に倒れ亡くなった相談者もいます。そのような中、自治体主催の外国人支援関係者のネットワーキングを目的とした会合に出なければならないときがありました。その場には、日本語が上手で「お手本」となるような外国人が招かれており、自治体は「みんなで『多文化共生』をめざしましょう」と言います。しかし、相談現場での「現実」と会議室での「理想」のあまりの違いから、筆者には「多文化共生」がとてつもなく遠いものに感じられたのです。

　人はみな、きれいで優秀でしょうか。人には弱音を吐きたいときも、うまくいかないときもあるはずです。臭いものに蓋をした「多文化共生」なら、それは必要ないと思います。人のしんどさ、大変さに寄り添える多文化共生

なら筆者は歓迎したいです。

　第2節では、研究において、ベトナム人、クルド人[※1]、インド人と筆者が関わる中から感じた、多文化共生実現の困難さ、一方でその可能性を考えます。第3節では、多文化共生実現のために、日本社会での多文化教育が重要である点を述べます。

2　多文化共生実現の困難さと可能性

2.1　ベトナム人技能実習生・留学生との関わりから

2.1.1　日本でKAROSHI (過労死) するベトナム人

　2017年10月から筆者はあるカトリック教会でフィールドワークをしています。この教会には多くのベトナム人が集まっています。ベトナム北部・中部のいくつかの省は、他の省に比べ経済的に貧しく、カトリック教徒が多いという特徴があります。これらの省から技能実習生や留学生が日本にやってきて、日本でもカトリック教会に通っています。

　2017年10月末時点の「外国人雇用状況」の届出状況が厚生労働省より発表されました。外国人労働者数[※2]は127万8,670人（前年比 +18.0%）と過去最高を更新しました。特にベトナム人は240,259人（前年比 +39.7%）と顕著な伸びを見せています。

　JITCO（国際研修協力機構）の調べによると2015年4月1日から2016年3月31日の間に、技能実習生が30名亡くなっており、うち7名がベトナム人です。

　　体調不良を訴えた翌日の朝、宿舎にて意識がなかったため病院へ搬
　　送したが、意識不明のまま死亡が確認。（脳室内出血）

※1　クルド人は、トルコ・イラク北部・イラン北西部・シリア北東部等、中東の各国に広くまたがる形で分布する、独自の国家を持たない世界最大の民族集団です。2,500万～3,000万人いると言われています。

※2　この統計では、技能実習生、留学生も「労働者」としてカウントをされています。外国人労働市場において、技能実習生、留学生が急増しているベトナム人の存在感が急拡大しています。

実習開始直後に体調不良を訴えたため休息していたところ、吐血し
たため病院へ搬送したが、意識不明のまま死亡が確認。（脳出血）

　いずれも、20代男性の例です。筆者はフィールドワークにおいてベトナ
ム人留学生の死亡事例もたびたび耳にしました。ある医師は、「20代でこれ
だけ多くの脳出血が発生するのは異常」と「過労死」の可能性を指摘してい
ます。
　彼／彼女たちが「過労死」をしたのには構造的な原因があります。技能実
習生・留学生とも、来日時には「センター」で手続きをします。センターは
彼／彼女たちに雇用先や留学先を紹介し、ビザの申請など手続きを代行しま
す。センターは、「日本で働けばすぐに返せる」と手続き時に100万円以上
の金銭を請求します。100万円はベトナムでは小さなお金ではなく、多くは
銀行や高利貸しからお金を借りて「手続き料」を工面します。日本にやって
きて彼／彼女たちは現実に直面します。例えば、技能実習生の給与は額面で
多くても12～13万円／月[※3]にすぎません。これは日本での生活費として
十分な金額ではありません。生活費を切り詰め、残業、長時間労働によって
何とか借金を返済しようとするのです。わたしが教会で出会ったベトナム人
たちも「KAROSHI」（過労死）という単語を知っています。教会のシスター
によると、身体に疾患を抱えていることを隠しながら働いている者も少なく
ないと言います。
　山田泉さんの論考には「現政権は実質的に外国人の労働力に頼りながらも、
建前では外国人労働者に頼らないという国家政策を堅持しているということ
です。（中略）人として必要な最低限の生活基盤の保障がないまま、人権が
ないがしろにされています。」（pp.3-4）とあります。日本は外国人労
働者を正面から受け入れようとはしてきませんでした。2018年6月には「経
済財政運営と改革の基本方針（骨太の方針）」が出されました。「真に必要な
分野に着目し、移民政策とは異なるものとして、外国人材の受入れを拡大す

※3　多文化社会研究会セミナー（2018年1月20日）講演「技能実習制度の現状と今後の展開──
　　　受入れの効果とフォローアップ」資料より

第2部　2章　多文化教育が拓く多文化共生　　71

るため、新たな在留資格を創設する」(p.26) と述べられています。一見すると政府が外国人労働者の正面からの受け入れに舵を切ったかのように見えますが、原則として家族の帯同を認めない、永住許可申請への道が開かれていないなどの問題点も存在します。外国人労働者を正面から受け入れようとする方針とは言えません。

建設業、工業、サービス業を中心に労働現場での労働力不足は深刻です。間口が狭いところを何とか広げようとした結果が、ベトナム人技能実習生・留学生の来日の急増です。ベトナム留学生のほとんどは、大学生ではなく日本語学校生か専門学校生です。借金の返済に加え、学費・生活費を工面するために、アルバイトに従事しています。なかには、アルバイトを掛け持ちしている例もあると聞きます。

借金を返済するために日本で身を粉にして働き、過労死してしまうという負の循環ができつつあります。過労死の先に「多文化共生」は描けるのでしょうか。

2.1.2　非正規滞在になってしまうベトナム人

ベトナム人技能実習生・留学生が直面している問題は過労死だけではありません。非正規滞在に苦しんでいる元留学生もいます。日本における「不法残留者」の国籍別統計（法務省入国管理局）を見ると、2018 年 7 月 1 日現在、ベトナム人「不法残留者」数は 8,296 人（半年で +22.1%）と顕著に増加しています。

グエンさん（仮名）は、日本語学校 1 年分の授業料・寮費・手続き料として 150 万円を 10% の利子で借金をして払い、来日しました。ところが、日本語学校に行っても教室に先生が来ず、授業が成立しないことが多々ありました。学校で十分な指導がなかったことは、グエンさんの限られている日本語能力からも推察できます。加えて、日本語学校は進路の面倒をまったく見てくれませんでした。そこで、自力で専門学校の試験を受けたものの、専門学校は「試験結果は日本語学校に通知します」と言います。しかし、日本語学校にグエンさんが「試験結果を教えてくれ」と言っても、なぜか結果を教えてくれません。グエンさんは専門学校に進学できないまま、在留期限が切

れてしまいました。

　グエンさんは「ベトナムに帰りたい」と話します。しかし、来日時の借金が返しきれておらず、母国の親は「借金が返せるまでは帰国するな」と言います。親の農業での収入は限られており、グエンさんの借金を肩代わりしてあげることもできません。しかし、現在の在留資格がない状況でグエンさんがお金を得られる手段は限られており、借金はなかなか減りません。グエンさんは「日本に来てからすぐ捨てられたみたい。できることなら、もう一度、ゼロから留学をやり直したい」「別の（ちゃんとした日本語）学校に行った友だちがうらやましい」と言います。

　グエンさんの非正規滞在は、お金儲けを優先し、教育を施していない日本語学校による産物です。グエンさんは郊外のワンルームのアパートにベトナム人6人で暮らしています。日本語がほとんどわからず、日本人との関わりはほとんどありません。グエンさんが直面している状況と「多文化共生」ということばの間には大きな乖離（かいり）があると言わざるを得ません。

2.1.3　クリスマスパーティーで感じた変化

　2017年12月、筆者はカトリック教会のベトナム人若者グループが企画したクリスマスパーティーにお邪魔しました。

　教会の裏庭で、ベトナム人専門学校生、技能実習生たちがパーティーの準備をしていました。夜のご馳走となる肉を焼いています。何の肉かを尋ねると「アヒル」との答えが返ってきます。また、人がお風呂として使えそうなくらい大きいドラム缶で、バナナの葉で包んだ四角いチマキをゆでています。普段、見慣れない光景に興味が湧いてきます。しかし、筆者の知り合いはまだ到着しておらず、筆者はベトナム語がわかりません。日本語がどの程度通じるのか見当もつきません。1人でもじもじしていると、何人ものベトナム人が日本語で話しかけてきてくれました。焚（た）き火を活用して焼き芋を作っており、筆者にも分けてくれました。焼き芋を食べながら、火の温かさに触れ、気がつけば会話も弾み、気持ちがほぐれていきます。彼／彼女たちは「ベトナムでおじいちゃん・おばあちゃんと、クリスマスには同じようにアヒルを焼き、チマキを作った」と言います。これが彼／彼女たちに母国を思い起こ

させる大切な行事である旨が伝わってきました。

　シスターにおことばをいただいた後、パーティーが始まります。若者たちはパーティーを盛り上げるためにいろいろなゲームを考えていました。わたしも「手を使わずに、口だけで、プラスチックのコップを持ち上げ、水を早く飲み干すというゲーム」に参加する羽目になりました。齢を考え、辞退しておこうかとも思いましたが、説明はどんどん進み逃れられない雰囲気になりました。筆者は水を吹き出しながらも何とか飲み干し、結果、筆者のチームが優勝しました。思わず、若者たちとハイタッチを交わしました。ゲームでの奮闘は彼／彼女たちとの距離を確実に縮めてくれました。筆者はその後教会が彼／彼女たち向けに主催する日本語教室のボランティア教師になりました。「自分が助けてもらったから、自分のできることで、今度は助ける側に回りたい」そんな気持ちからでした。

　山田さんの論考を読み、日本における「多文化共生」を「奴隷的多文化共生」から「対等的多文化共生」(p.16) に変化させたいと強く感じました。筆者がしてもらったように、不安な誰かに手を差し伸べる。筆者がしたように、仲間になるために同じ経験を共有しようと努力する。こうした積み重ねの中から「対等的多文化共生」は実現されるのかもしれません。

2.2　「在留資格がなくても学びたい」クルド人と支援者
2.2.1　日本における「ワラビスタン」

　皆さんは「ワラビスタン」ということばを聞いたことがありますか。埼玉県南部の蕨（わらび）市には、クルド人が多く住んでいます。クルド人が暮らす中東の地理的領域「クルディスタン」にかけて、「ワラビスタン」と呼ばれています。筆者は 2017 年 10 月から定期的に通っています。

　クルド人は中東のいくつかの国にまたがって生活をしている民族です。トルコに最も多く居住していますが、トルコにおいては少数派となるため、言語の使用を禁じられる、就学、就職などにおいて差別されるなどさまざまな迫害を受けてきました。迫害への恐れを抱き、日本に逃れてくる人もいます。しかし、日本においては、まだ 1 人も難民認定をされていません。在留資格も与えられず、多くは「仮放免」の状態に置かれています。仮放免とは、外

国人収容所への収容を一時的に解かれている状態を指します。在留資格では
ないので、法的に働くことは認められていません。

2.2.2　進学という希望

　クルド人の中には、日本に家族で逃れてきた人もいます。来日時、小さかっ
た子どもが青年へと成長し、今、新たな問題が生じています。進学の問題です。

　日本とクルドにおける言語的・文化的な違いから、中学校の段階で不登校・
不就学になる子どももいる中、ザニーくん（仮名）は定時制高校まで通い、
卒業しました。家族で仮放免の状態にあるため、働くことはできません。そ
れでも、将来、在留資格が認められることを信じ、「語学を生かした仕事に
就きたい」と、語学専門学校への入学をめざしています。しかし、進学は本
稿執筆時点（2018 年 8 月）ではまだ叶っていません。本人の意思にかかわら
ず、働けない、学べないという状態を強いられている若者が存在するのです。

　ザニーくんは、「クルド人は仮放免の状態でアルバイト的（日雇い）な不
安定な仕事に従事する人が多いが、それを変えたい。自分が進学することで
後に続く人を増やしたい」と言います。

　そんなザニーくんを支えている日本人がいます。「クルドを知る会」の松
澤秀延さんです。松澤さんはかつて造園土木の仕事において、イラン人、ク
ルド人と交流を持ちました。仕事を定年退職した後に、クルド人の子どもの
就学・生活支援をライフワークとしています。クルド人の困りごとを聞き取
り、解決に向けて行政と交渉などもしています。

　松澤さんはザニーくんが進学できるように支援をしていますが、ある専
門学校は出願さえさせてくれなかったと言います。「専門学校は、就職に向
けて学習をする場である。（仮放免の状態で）就職できる見込みがないのに、
入学はさせられない」との回答であったそうです。別の専門学校には出願を
し、テストにも合格をしました。しかし、入学手続きの段になって「入学は
難しい」と対応を変えられてしまいました。

　ザニーくんと松澤さんは「最初はテストも受けられなかったけど、次はテ
ストまで受けられた」と状況を前向きに捉えています。ザニーくんは「自分
の力でまずは頑張りたい」と言います。しかし、ザニーくんは日本社会に存

在しながらも、あたかも存在していないかのよう扱われています。このまま
ザニーくんが疎外しつづけられるのであれば、筆者は日本社会を多文化共生
社会とは呼べません。

　筆者はかつて類似するケースを支援した経験があります。公立高校への進
学のケースでした。最初は地方自治体に「公立高校に在留資格がない子ども
は進学できない」と言われてしまいましたが、本人、学校の先生、地元の人
たちと力を合わせて、進学をさせるべきである旨を訴えつづけた結果、一転、
進学が認められました。人の力を実感した出来事でした。

　多文化共生社会を実現するために必要なのは、その構成員一人ひとりの力
です。筆者が支援した上のケースでも、本人と筆者の力だけでは逆転をさせ
るのは難しかったかもしれません。学校の先生、地元の人たちなど、社会に
暮らすさまざまな人の関わりがあってこそ、山田さんが言う「対等的多文化
共生」(p.16) が実現できるのだと思います。ザニーくんのような青年を、
みんなで生かしていこうとできる社会こそ、多文化共生社会なのではないで
しょうか。

2.3　父インド人、母フィリピン人、長女日本人という家庭
2.3.1　血はつながっていなくても子どもを守りたい

　2018 年 1 月、東京 23 区で新成人となった人の、8 人に 1 人は外国人だっ
たそうです (NHK ニュース 7)。家庭は「父・日本人、母・日本人、子・日本人」
という形だけではありません。多文化共生社会を考えていく上では、家庭に
おける「多文化」にも目を向けていく必要があります。

　インド人のシング（仮名）さんは、フィリピン人のメロディー（仮名）さ
んと日本で結婚し、3 人の女の子を育てています。下の 2 人はメロディーさ
んとの間の子どもで、一番上はメロディーさんが日本人と結婚していたとき
の子どもです。この子どもは日本人で、ダウン症の障がいがあります。

　一家の父であるシングさんには、在留資格がありません。シングさんはか
つて、日本で就労ビザを得て働けるという話を信じて、高額の手数料を払っ
て来日をしたものの、実際に得られたのは「短期滞在」ビザでした。高額の
手数料を払うために借金をしており、借金を返済するためにも、そのまま帰

るわけにはいきませんでした。日本で、夫と離婚後、1人で子どもを養育していたメロディーさんと恋に落ち、子どもの面倒を自分も見ていくことを決意し、結婚をしました。

誰も住んでいなかったボロボロの住居を人から譲り受け、自らの手で直し、生活をしています。「血はつながっていなくても、子どもを守りたい」と真剣に語ります。シングさんとダウン症の子どもの間には、血のつながりこそありませんが、筆者が見るに、2人は親子です。シングさんは、日本国籍の娘を安心して育てていくためにも、日本での在留を必要としています。

2.3.2 多文化共生社会における豊かさ

法務省入国管理局が2015年9月に発表した「第5次出入国管理基本計画」にははじめに「我が国経済社会に活力をもたらす外国人を積極的に受け入れていく」とあります。一方で「安全・安心な生活の実現のため、厳格かつ適切な入国審査と不法滞在者等への対策を強化していく」とも言います。日本の経済的利益にかなう外国人は歓迎するが、それ以外は来ないでほしいという意図が見えてきます。

筆者は多文化共生社会とは、豊かな社会であると考えます。多文化共生社会には、経済的な豊かさだけでなく、文化的な豊かさ、精神的な豊かさも必要です。筆者は青年期に多くの外国人とかかわったことで、人間としてより大きく育ててもらったと実感しています。フィリピン人は自らの日本で置かれている状況が厳しくとも、母国の家族のために送金を続けていました。家族を大事にすることの大切さを学びました。ミャンマー人は民主化を信じ異国に逃れながらも闘いを続けています。日本でどんな困難に直面しても諦めない不屈の精神を培っています。彼／彼女たちとの交流から得られたものはとても大きいです。「外国人＝金」ではなく、経済以外にも彼／彼女たちには豊かさをもたらす側面があります。外国人を日本の「経済社会に活力をもたらす」「道具」と捉えているうちは、多文化共生社会は実現しません。外国人が「道具」ではなく、日本において、ともに社会、文化を創っていく「人」であると考えることはできないでしょうか。

入国管理法だけを見れば、シングさんは退去させるべき「不法滞在者」で

終わってしまうのかもしれません。しかし、シングさんには家庭に精神的な豊かさをもたらしている側面もあるのです。法務省入国管理局が出している「在留特別許可に係るガイドライン」には、「日本人又は特別永住者との間に出生した実子を扶養している場合」が「特に考慮する積極要素」に挙げられています。メロディーさんの一番上の日本国籍の子どもは、「実子」でこそありませんが、シングさんがこの子を父親として育てていることに変わりはありません。この側面に光を当て、不安定な「不法滞在」を続けさせるのではなく、在留を認めるという方法も考えられないでしょうか。強くて優秀な人だけを認めるのが多文化共生ではありません。人の大変さ、しんどさに寄り添えるのが多文化共生なのではないでしょうか。

3 多文化教育が拓く多文化共生

3.1 「学校教育」を「多文化教育」で変える

2017年5月の朝日新聞の世論調査（有効回答 2,020）によると「日本は難民や移民をもっと受け入れるべきだと思いますか」という問いに対し、肯定的な回答を寄せた国民は18%にすぎません。一方、2017年6月末時点の在留外国人数は、263万7,251人（法務省入国管理局）と過去最高を更新しています。5年で約50万人以上増えています。移民政策がないままに、生活基盤が保障されないまま、外国人の受け入れは進む一方です。筆者は、日本人と外国人の間に、いつ大きな衝突が起きてもおかしくないという状況まで来ていると感じます。

山田さんの論考を読んで、「学校教育」が「相互監視」「連帯責任」を学ぶ場となっていることを思い出しました (p.12)。学校教育が、多文化共生を阻む要因となっている側面もあるのではないでしょうか。筆者は現在、2つの大学で講義をする機会を得ています。「学校教育」で思考が確立されてきた学生たちに、「多文化教育」（「対等的多文化共生」をめざした教育）を施していくことが、筆者にできること、やるべきことであると考えるに至りました。

筆者が日本における難民の受け入れについて講義をしたときのことです。

「テロリストが日本に来るのは怖いから、難民の受け入れは賛成できない。」という反応を示した学生がいました。

筆者もテロを目的に人が入国してほしいとは思いません。しかし、「難民の受け入れを進めると、テロリストが入ってくる可能性がある。であれば、難民も受け入れたくない」という考えは、あまりに自国中心主義すぎるのではないでしょうか。

難民は世界規模で起きている問題です。2015年9月、安倍首相は国連総会後の記者会見でシリア難民の受け入れを問われ、「女性と高齢者の活躍が先」と回答しました。自国の利益だけを主張して、難民の受け入れを拒むことは正しいのでしょうか。欧州はさまざまな課題が生じているとはいえ、難民の受け入れを決断しています。難民は南北の経済格差が生み出している側面もあり、そこから生じた負担はみんなで分担していくべきであると、難民の受け入れをしているのです。

人間は1人で生きていくことはできません。「多文化教育」では地球に生きる1人の人間として、他の人間とどのように生きていくかを考えていきます。難民をはなから拒むのではなく、来た場合にどのようにすれば一緒に生きていけるかを考えていけるように、「多文化教育」を通じ、柔軟な発想ができる学生を育てたいです。

3.2 外国人とともに創る多文化教育

多文化共生社会において、外国人は「お客さま」ではありません。ともに社会を創っていく「構成員」です。

2020年の東京五輪に向けて「諸外国との相互理解と友好親善」をめざした、オリンピック・パラリンピック教育が進められています。これを、五輪の瞬間に来た人をもてなすためだけの一過性の教育ではなく、ともに暮らす人との関係を考えられる継続性の高い教育にすることが求められます。

筆者は大学の授業において、毎年、外国出身のゲストスピーカーを招いています。学生が最も熱心に講義を聞いてくれるのは、筆者が行う講義ではなく、ゲストスピーカーのときです。想像以上に、日本に暮らす外国人と話した経験のある学生は多くありません。外国出身の人とじかに接すると、学生

の意識に大きな変革がおきます。例えば、かつて非正規滞在の状況に置かれていたアフリカ出身の女性を招いた回では、非正規滞在者がなぜ、そのような状況になったのか、背景を考えるという学生の成長が見られました。学生はステレオタイプを超えて、より自らの頭で考えるようになりました。1人のアフリカ出身の女性が大学教育にとってよい影響をもたらしたのです（加藤, 2015）。

　他者と触れ合うのはときに勇気が要ります。相手が「外国人」だとなおさらそう感じる人もいるかもしれません。しかし、接点がなければ、交流も始まりません。学校教育、社会教育、生涯教育など、教育の場を外国出身の人に開き、さまざまな性別・年齢・職業の人が、外国出身の人と接点を持ち、互いに交流できるようにしていけないでしょうか。筆者の青年期がそうであったように、1人でも多くの人に外国出身の人と触れ合う中で文化的・精神的な豊かさを醸成してもらいたいです。
　「日本人」だけで「学校教育」を行うのではなく、外国出身の人とともに「多文化教育」を創っていくことが求められます。こうした積み重ねが「対等的多文化共生」の実現につながると信じています。

参考文献
加藤丈太郎 (2015).「外国人住民が制度の障壁を乗り越えるために―『個別支援』から『集団支援』へ」吉成勝男・水上徹男・野呂芳明 (編).『市民が考えるこれからの移民政策』pp.61-71. 現代人文社
内閣府 (2018).「経済財政運営と改革の基本方針 2018―少子高齢化の克服による持続的な成長経路の実現―」http://www5.cao.go.jp/keizai-shimon/kaigi/cabinet/2018/2018_basicpolicies_ja.pdf (2018年 8月 10日検索)

多文化教育が拓く多文化共生
―日本に暮らす非正規滞在者の視点から―
を読んで、わたしなりの意見

山田泉

1 「非正規滞在（者）」という言い方

　わたしは基本的に日本社会の人々の多くが持っている「遵法精神」が好きです。この社会において人々の日々の暮らしを支えている「風土」ともなっていると思います。さらに、多くの日本人が「相手の気持ちになって考える」ということが習慣化し、自らの言動が他の人の「ご迷惑」にならないように気を配るという生き方も互いに生きやすい世間を維持する上で大切な作法だと思います。

　反面、日本人の多くが「外国人を人として自分たちとは違う存在」と思い、彼／彼女たちの異質性が、日本人同士の相互に察し合いながら維持している世間の秩序を乱しかねないものと感じているように思われることは悲しいです。学生たちに、外国人労働者の受け入れの可否を問うと、「労働力としては外国人に頼らざるを得ないと思うが、外国人が増えると凶悪犯罪が増えると思うので、なんとも言えない」といった答えが返ってきます。凶悪犯罪の検挙割合は日本人も外国籍住民もこれまでほとんど変わらなかったというと、学生たちは「？」といった顔をします。

　さて、一口に「非正規滞在」とか「不法滞在」とかと言いますが、このことばが指す実態は多様です。密入国や偽装入国など刑事罰の対象となるものから、いわゆるオーバーステイ（超過滞在）など車のスピードオーバー（一般道で30キロ未満）と同じ行政処分に該当するものまであり、それもほとんどは後者です。車の速度違反は他の人に危害を及ぼす可能性がありますが、「観光」の短期滞在で入国した人がたんに滞在期限が切れただけで、途端に危険人物になったりはしません。それと、偽装入国ということで退去強制処分を受けた次のようなものがありました。

　中国でいわゆる「残留孤児」となって養父母に育てられた女性が、結婚して子どもを授からなかったので、中国人の男の赤ちゃんを養子とし

第2部　2章　多文化教育が拓く多文化共生　　81

て実子同様大切に育てました。その後、この養子は結婚し男の子が生まれました。残留孤児本人は夫に先立たれましたが、日本の親戚もわかり「中国帰国者」として日本で生活することになりました。そして高齢ということもあり、しばらくして中国から養子家族を呼び寄せ一緒に暮らしていました。ところが数年後、入管から、養子家族の入国審査書類のうち中国でもらった戸籍には「養子」という記載がないと言われ、「偽装」入国とされてしまったのです。中国では、実子と養子が戸籍上区別されなくても日本では戸籍記載上の区別があるのに、それを偽ったと言うのです。そんな日中の戸籍上の区別は法務省の職員ぐらいしか問題にしないでしょう。もちろん、中国帰国者が帰国間際に養子にしたのなら調べてみてもよいかもしれませんが、何十年と親子として実質的な関係を紡いできたことからは、「偽装」などとする根拠が存在する余地はありません。かつて、中国人は日本人の孤児を、文化大革命等時代の波からも守り、わが子として育て上げたのです。

　日本人の遵法精神や繊細さ、中国人の懐の深さやおおらかさ、それぞれが必要なことに必要な形で発揮してほしいと考えます。

2　クルド難民と日本政府

　クルド人は 3,000 万人規模の人口があるとされ、国家を持たない最大の民族と言われています。筆者の加藤さんが指摘するように居住地はトルコ、シリア、イラン、イラクにまたがる石油の埋蔵量の多い地域と重なります。もちろん、独立国家「クルディスタン」を持つことを悲願とする大小多くのグループがあり、それぞれの国の政府軍と内戦状態に及ぶことも度々です。トルコでも政府軍とクルド人武装勢力との間での緊張が高まったり弱まったりしています。

　日本にも埼玉県蕨市を中心にクルド人の集住地域があります。2005年、そのうちの 2 家族が難民申請をしたにもかかわらず、退去強制処分が言い渡されたことがありました。両家族ともトルコで迫害を受けたと証拠を挙げて主張し裁判になっていました。国連難民高等弁務官事務所（UNHCR）は、「難民（マンデート難民）」と認定しました。しかし、日

本の入国管理局は家族のうち父親と長男をトルコに帰しました。これは、UNHCR が認定したマンデート難民を、迫害を受ける可能性のある出身国に帰した世界で唯一の事例です。どうしてこのようなことが起こったかについて、日本は「難民」申請をしている個人について審査しているのではなく、その出身国と日本との国家間関係を重視し「難民」認定しているからだという指摘があります。このことは、かつてアメリカとの同盟関係を重視し、「インドシナ難民」（そのほとんどは「人道的配慮」の「定住」ビザで）を1万人規模で受け入れたこととも呼応します。難民受け入れは個人に関する「人道上の問題」だと認識してほしいものです。

第2部	**3**章	社会を拓く多文化共生
		―壁と希望―
		松尾慎

1 「多文化共生」は変節したのか

　第1部の山田泉さんの論文を読んで、いちばん衝撃を受けたのは、「多文化共生」の使われ方が（悪い方向に）変化してきたという明確な指摘です。読者の皆さんの中で、同じ思いを持った人もいたのではないでしょうか。

　　「多文化共生」が使われ出したころの「社会を変える」という視点が
　　消え，生活者としての外国人等を現状の日本社会に適応させること
　　をめざしてこのことばが使われることが多くなってきたのです。
　　（山田, p.11）

　わたしがなぜ衝撃を受けたかと言えば、「社会を変える」という視点を持ちながら日本語教育や母語教育、多文化共生関係事業に取り組んでいると確信できる仲間や組織をいくらでも挙げることができるからです。それにもかかわらず、山田さんは上記の通り斬り込んでいるわけです。まずはこの点について探ってみたいと思います。

　山田さんは、総務省が2006年に出した「多文化共生の推進に関する研究会報告書」（以下、報告書）や「地域社会における多文化共生推進プラン」（以下、プラン）の本文には「地域社会の変容を推進する施策が示唆されています」(p.11)と述べています。「報告書」と「プラン」を見てみたところ、地域社会の変容を推進する施策に直接的に関連するのは、ユニバーサルデザイン

第2部　3章　社会を拓く多文化共生　85

に関する記述のことだと思われます。ユニバーサルデザインは、1980年代、アメリカの建築家ロナルド・メイスによって提唱されました。内閣府の「障害者基本計画[1]」によれば、「ユニバーサルデザインはあらかじめ、障害の有無、年齢、性別、人種等にかかわらず多様な人々が利用しやすいよう都市や生活環境をデザインする考え方」です。「プラン」では、「地域における多文化共生の意義」が5点挙げられていますが、5点目が「ユニバーサルデザインのまちづくり」です。その説明として、「国籍や民族などの異なる人々が、互いの文化的差異を認め合い、対等な関係を築こうとしながら、地域社会の構成員として共に生きていくような地域づくりの推進は、ユニバーサルデザインの視点からのまちづくりを推進するものであること」とあります。「報告書」には、「日本人にとって住みやすいまちは、外国人にとっても住みやすく、また、外国人にとって住みやすいまちは、日本人にとっても住みやすいまちである。多文化共生の地域づくりにおいては、このような『ユニバーサルデザイン』の視点を取り入れる必要がある」と記されています。松尾他(2013)では、情報のユニバーサルデザイン化の基本として、「情報の形を『その人』にあわせる仕組みをつくるということ」(松尾他, 2013, p.34)と述べています。人が社会やまちに合わせるのではなく、基本は、社会やまちが人に合わせるのがユニバーサルデザインなのです。つまり、外国人住民を含むすべての住民がそのままの存在を肯定され、安心、安全に暮らせるよう、社会のほうが人に合わせるまちづくりを行うことこそが「プラン」でも「報告書」でも謳われていたわけです[2]。

　「プラン」と「報告書」が出された後、いかに「社会を変える」という視点が消え、いかに生活者としての外国人等を現状の日本社会に適応させることが強調されていったのでしょうか。この点を明らかにするために、地方自治体の取り組みをいくつか検討してみたいと思います。

※1 http://www8.cao.go.jp/shougai/suishin/kihonkeikaku.html（2017年12月23日検索）
※2 多文化共生推進プランの問題点を指摘した論稿もあります。原（2010）は「多文化共生推進プランは、既存の一元的な公共空間と、そこで主流を占めてきたマジョリティの人々の既得権益の維持を前提として、あくまでその範囲内で文化の多様性を容認するものでしかなくなる可能性」（原, 2010, p.37）があると述べています。

まず2007年に宮城県において、「多文化共生社会の形成の推進に関する条例」が公布、施行されました。多文化共生に関する条例としては全国初のものです。この条例を受け、2010年には「宮城県多文化共生社会推進計画」が策定されました。計画の中では「外国人県民等に対する理解の不足・認識の低さ」が冒頭で指摘され、「外国人も住民である」という意識を普及することが宣言されており、社会の意識を変えていこうという意思が感じられます。

　一方で、2013年に策定された浜松市の「浜松市多文化共生都市ビジョン」（以下、ビジョン）には非常に気になる箇所が見られます。「今後の方向性」が3点挙げられていますが、その3点目に以下の通り述べられています。

◆ 誰もが安心して暮らしていくことができる地域 ◆

外国人市民の生活基盤はいまだ安定しているとはいえない状態であり、また、解決すべき地域課題も残っています。各種の取り組みを着実に実施することにより、誰もが安心して暮らしていくことができる地域をつくることが必要です。また、<u>共生のためには、外国人市民も生活言語である日本語能力を身に付けるとともに、地域の基本的な生活ルールを身に付けることが必要</u>※3です。権利の尊重と義務の遂行に基づき、地域での共生を進めるため、具体的な支援を進めていく必要があります。（下線は筆者による）

　文章においては、共生に必要な条件として、「日本語能力」と「生活ルール」の習得が挙げられており、共生の前提として、「義務」の遂行が示されています。ここで生じる2つの問いとして、(1) 日本語能力を身につけること、そして、生活ルールを身につけることは、外国人市民にとっての「義務」であるか、また、(2) 日本語能力や生活ルールを身につけることをめざさなければ「多様な文化を持つ市民」の1人として協働するためのメンバーシップ

※3　浜松市は、2018年3月に「第2次 浜松市多文化共生都市ビジョン」を発表しました。下線部が「共生のためには、外国人市民も生活言語である日本語の習得に加え、社会保険料や税金の納付などの社会的な義務を確実に遂行していくとともに、地域社会の一員として基本的な生活ルールを身に付ける必要があります」と修正されています。

第2部　3章　社会を拓く多文化共生　　87

は認められないか、という点が挙げられます。地域での共生を進めるために、外国人市民に対する支援を促進する必要性が述べられていますが、ここでは「社会を変える」という視点がやや欠けているように思えます。浜松市は2017年、欧州評議会が欧州委員会とともに進めている「インターカルチュラル・シティー・プログラム※4」にアジアの都市としてはじめて加盟しているだけに、この「ビジョン」の記述に違和感を覚えます。

　続いて検討したいのは、2016年に策定された「東京都多文化共生推進指針」（以下、指針）です。この指針の中では、3つの施策目標が掲げられています。その3番目の目標は、「グローバル都市にふさわしい、多様性を尊重し、共に支え合う意識の醸成」となっています。その説明が以下のように2つの段落で述べられています。

　　国籍や民族等の違いによる多様な文化・価値観に対し寛容な心を持
　　ち、日本人と外国人が共に生活できる社会をつくるため、日本人・
　　外国人双方に対し異文化の積極的な理解を促す取組を強化する。
　　加えて、東京で暮らす外国人に対し、日本のルールや習慣を理解す
　　るための取組を推進することで、日本人と外国人がお互いを尊重し、
　　責任を自覚しながら、共に支え合っていく意識を醸成する。（下線
　　は筆者による）

　1段落目には、「共に生活できる社会をつくるため」、「双方」に対する「取組を強化」することが述べられています。日本人・外国人双方が理解し合い、相互に寛容な心を持てるような取り組みを強化していくことが述べられている点は評価ができます。しかしながら、2段落目には2つの問題点があるように思えます。第一の問題は、外国人に対する取り組みしか述べられていな

───────────────

※4 移住者や少数者によってもたらされる文化的多様性を、脅威ではなくむしろ好機と捉え、都市の活力や革新、創造、成長の源泉とする新しい都市政策。欧州評議会が欧州委員会とともに進めているプログラムで、現在、その趣旨に賛同する欧州地域内外の100を超える都市が参加しています。
　https://www.jpf.go.jp/j/project/intel/exchange/organize/intercultural/ （2017年12月24日 検索）

いことです。外国人に対する取り組みを推進することで、互いに尊重し、支え合っていく意識が醸成されるとしています。ここでは、外国人側の理解や変容のみが互いに尊重していくための条件として強調されている印象を受けます。第二の問題は、「日本のルールや習慣」がひとくくりにされていることです。どこに住む誰であっても、法令やその地域のルール（例えば、ゴミ出しのルール。日本人であっても引っ越せば学び直しが必要になる）や習慣を理解し、その上で、自身の行動に責任を持ち生活していくことが求められているのは事実であると思います。けれども、日本人であればまったく同じルールや習慣を共有しているのか、また、多くの日本人が共有しているルールや習慣であったとしても、それは不変であるのかについても考える必要があります。日本人が外国につながる新たな隣人の習慣を理解することで、日本人の習慣にも少し影響があるかもしれません。それが「双方」の理解であり、互いに「尊重」するということなのではないかと思います。

　浜松市と東京都の「ビジョン」と「指針」の中に、社会を変える視点よりも、まずは、生活者としての外国人等を現状の日本社会に適応させることを共生の前提条件としているかのような記述がみられました。こうした考え方の基底にあるのは、山田さんのことばを借りれば、「同化的多文化共生」と「奴隷的多文化共生」のミックスされたような思想・イデオロギーなのではないかとわたしは感じています。

2　多文化共生の範囲は？

　山田さんの論文では、「多文化共生」ということばが、「ニューカマー」だけを対象とし、「在日」を無視していることに異議を唱えています。わたしはこの山田さんの指摘に納得しつつもさらなる疑問を持っています。「多文化共生」ということばが、アイヌ民族や日本手話話者、知的障害者、ディスレクシア[5]の人々、その他さまざまな障害者、性的少数者、高齢者などにど

※5「知的に問題はないものの読み書きの能力に著しい困難を持つ症状」（認定NPO法人EDGEホームページより）。「ディスレクシアとは」で検索可能。http://www.npo-edge.jp/educate/what-is-dyslexia/（2018年2月15日検索）

れだけ目を向けているのかという点です。2006年の総務省の「報告書」には以下のように述べられています。

> 定住傾向にあるが日本語によるコミュニケーション能力を十分に有しない外国人住民にかかわる課題を主な検討対象とし、その他の外国人住民および外国にルーツを有する日本国籍取得者も課題に応じ、視野に入れて検討することとした。(p.6)

このように書かれているわけですから、そもそもわたしが指摘している日本手話話者やさまざまな障害者、性的少数者、高齢者などは検討対象になっていなかったことになります。これは、「プラン」や「報告書」が公表された背景を考えれば当然のことでした。「報告書」の「はじめに」では、外国人住民の急増を前提に、「外国人住民もまた生活者であり、地域住民であることを認識し、地域社会の構成員として共に生きていくことができるようにするための条件整備を、国レベルでも本格的に検討すべき時期が来ている」(p.2)と述べられています。こうした背景で「プラン」や「報告書」が公表されたわけです。

　結果として、多文化共生を構成する主体は、日本人と（主にニューカマーの）外国人だけであり（厳密には日本国籍を取得している外国につながる住民も存在します）、日本人でなければ外国人、外国人でなければ日本人という「どちらか」という構造になっています。ですから、日本人だけであれば起きなかった問題が外国人の新たな流入で起こり、それに何とかうまく対処していくのが多文化共生の目標となってしまうわけです[※6]。そして、その問題は定住傾向にある外国人住民が日本語によるコミュニケーション能力を十分に有しないことが主な原因であるとの視点に立脚しています。こうした視点、つまり、外国人住民を日本語によるコミュニケーション能力の有無で捉

※6 外国人の流入を「問題」として捉えるのではなく、「外国人市民が持つ多様な文化は、都市の活力の源泉となり得る」（浜松市の「ビジョン」p.16, p.26）として肯定的に捉える見方も存在しています。

える視点は日本人側からの一方的な視点です。こうした視点は、山田さんが述べている、（ニューカマーの）外国人住民のほうから多文化共生ということばが使われないこととも関連があると言えます。

さらに、「プラン」や「報告書」が意図しないところで、多文化共生を構成する主体を日本人と（主にニューカマーの）外国人に単純化、矮小化する視点がつくり出されてしまったのではないでしょうか。そのため、日本人の中の多様性、外国人の中の多様性が考慮されにくい構造をつくり出しているように思えます。総務省の「プラン」や「報告書」で提唱されたユニバーサルデザインの視点からのまちづくりの推進それ自体は素晴らしい発想です。しかしながら、もともと、「プラン」や「報告書」が人の多様性を十分に考慮したものではなかったことが、より包括的にユニバーサルデザインからのまちづくりへの取り組みが立ち遅れている原因の１つかもしれませんし、「社会を変える」視点が次第に消えている遠因かもしれません。

3 母語・母文化の保持、伸長

3.1 言語権としての母語教育

山田さんは、日本社会を真の「多文化共生」社会にするための緊急的な課題として、「母語、母文化（継承語、継承文化）の保持、伸長」を挙げています。その必要性に関しては、塚原（2010）も「移民の子どもの十全な人格形成および教育上の発達のために母語の存在が重要である」（塚原, 2010, p.72）と述べています。山田さんが19ページで「開発主義」的な理由としている観点では、高橋（2012）が「その目的が『ルーツの確認』や『親子のコミュニケーション』という当事者の利益にとどめられている限り、母語教育はマイノリティ話者やそのコミュニティだけの問題に終わってしまう。母語教育を社会全体の問題として捉えていくためには、社会に貢献できる言語資本の育成、多文化や複文化を受容し共生していくための能力育成といった、それがマイノリティとマジョリティの双方にとって意義があるものとして認識される必要がある」（高橋, 2012, pp. 327-328）と指摘しています。

ここでわたしが強調しておきたいのは、「言語権」からの母語教育の必要

性です。木村 (2004) は人権としての言語権を2つの柱で説明しています。「1つは、自らが帰属意識を持つ集団の言語を習得・使用する権利であり、もう1つは当該地域や国で広く使われる（法律上の、あるいは事実上の）公用語を学習する権利である」（木村, 2004, p.83)。1992年に国連で採択された「民族的又は種族的、宗教的及び言語的少数者に属する者の権利に関する宣言（少数者の権利宣言）」では、国家に対して少数者の母語教育の十分な機会のための措置を求めています。つまり、言語権の考え方を適用すれば、外国につながる子どもたちやその家族への公的支援は、日本語学習に対してだけではなく、母語学習に対しても求められています。「少数者の権利宣言」は義務を伴わない履行目標ではあるものの、日本社会においても、居住するすべての人々の言語権が守られるべきであると考えます。

　川崎市の「川崎市多文化共生社会推進指針[7]」(2015年改訂版) では、外国人家庭や国際結婚家庭へのサポートとして、「家庭だけでは母語・母文化の保持が難しい場合があるため、その支援」を課題としています。一方で、「東京都多文化共生推進指針」では、「多様性を都市づくりに活かす」ことが基本目標に掲げられているにもかかわらず、母語・母文化ということばは見当たりません。

3.2　母語教育の取り組みとその課題

　学校内での先進的な母語教育の取り組みとして取り上げられることが多いのが、大阪府立門真なみはや高校です。約50人の生徒を対象に、「中国語、フィリピン語、タイ語、ネパール語、韓国・朝鮮語の教室が設けられ、外国ルーツの生徒らは週2時間程度それぞれの母語学習」（毎日新聞2017年11月25日地方版[8]) に取り組んでいます。

　一方で、民間ベースで実施されている母語教室を2カ所紹介します。群馬県太田市におけるブラジルにつながりを持つ子どもたちのためのポルトガル

※7「川崎市多文化共生社会推進指針」で検索可能。http://www.city.kawasaki.jp/250/cmsfiles/contents/0000040/40959/tabunkashishin2015.pdf (2018年2月14日検索)
※8「府立門真なみはや高校 母語教育」で検索可能。https://mainichi.jp/articles/20171125/ddl/k27/070/368000c (2018年2月14日検索)

語教室と東京都豊島区におけるミャンマーにつながりを持つ子どもたちのためのミャンマー語教室です。前者は太田市のバイリンガル教員[9]とブラジル人学校教員などが中心となって運営しています。後者は、ミャンマー出身の難民である夫妻が開いた教室です。

　太田市の活動も豊島区の活動も、最大の課題は活動の継続性です。大きく言えば3点の課題があります。1点目は人材確保です。太田市の活動は2018年3月現在で9年、豊島区の活動も3年ほど継続しています。太田市の活動は毎週土曜日にありますが、その運営の中心的役割を担っているバイリンガル教員は月曜日から金曜日までフルタイムで市内の学校に勤務しています。その上で、毎週末に活動を継続していくのは大変なことです。ブラジル人学校の教員や仲間のバイリンガル教員もともに活動を支えてはいますが、人材の確保が大きな課題と言えるでしょう。豊島区の活動も同じような状況です。2点目は経済的問題です。太田市の活動は市から活動場所（教室）の提供を受けているので教室代こそかかっていませんが、基本的に無償のボランティアとして運営されています。豊島区の活動は運営している夫妻が自らアパートの一室を借り上げ活動しており、家賃だけでも大きな負担となっています。この教室を支えるための任意団体が立ち上がっていますが、やはり教室の維持費が大きな課題です。現時点では行政からのサポートは受けていません。3点目の課題は日本語習得・教科学習とのせめぎ合いです。実は母語教室はさまざまなところで立ち上がっているようですが、活動を続けていくと、喫緊の問題として、日本語習得・教科学習支援の必要性が強調され、教室の活動内容が変化していくことが少なくないようです。

　先ほど、東京都の指針には、母語・母文化に関する記述がないことを指摘しました。指針にないということは、母語や母文化の伸長に関し政策に落とし込まれる可能性がほぼないということになります。渋谷（2012）は、「言語権は、言語の維持や発展に関して国家権力からの不当な干渉を受けないという意味での自由の契機を有すると同時に、当該言語の維持や発展に関する言

※9「太田市における外国人児童生徒教育」で検索可能。
　http://www.city.ota.gunma.jp/005gyosei/0170-003kyoiku-sidou/2009-gaikokujinkyoiku.html
　（2018年2月14日検索）

第2部　3章　社会を拓く多文化共生

語環境の整備という請求権的な性質をも有する」（渋谷, 2012, p.49）と述べています。母語の伸長に関し、渋谷が述べている後者の部分を行政が担うことを強く求めたいところです。

4 想像力の壁

本論文の1節から3節では、山田さんの論文への応答、もしくは山田さんの論文との対話を行ってきました。主に課題の提起とその考察に重点を置いた内容になっているかと思います。本節では、わたしの身近で起こった2つの事例を取り上げ、多文化共生に関わる「壁」の存在について論じてみたいと思います。

4.1 こころの壁

最初に、わたしがある地域の国際交流協会に招かれワークショップのファシリテーターを務めたときの事例を取り上げます。このワークショップでは参加者が数名ずつグループになり机を寄せ合って座る形式を取りました。参加者の中には日本人もいれば外国につながる住民もかなりいました。学部留学生とその留学生と同じ国の出身で来日間もない人が同じグループになり、その留学生が母語でフォローしていました。すると同じグループの日本人参加者が「わたしたち〇〇〇語わからないから、日本語で話して」と強い口調で言いました。また、この留学生がグループを代表して発言する機会を持った際、同じグループの日本人から「日本語の勉強のために」と応援するような口調で声が出ました。

総務省の「報告書」では多文化共生を「国籍や民族などの異なる人々が、互いの文化的ちがいを認め合い、対等な関係を築こうとしながら、地域社会の構成員として共に生きていくこと」と定義しています。「日本語で話して」という発言からは「ちがいを認め合い、対等な関係を築こう」という意思が感じられません。また、「日本語の勉強のために」という発言は、留学生イコール、日本語を学んでいる者、日本語能力が不足している者という潜在的なイメージから発せられたものと考えられます。「日本語の勉強のために」とい

う発言に対して違和感を持たない人もいるでしょう。しかし、ワークショップの後で、この留学生は以下のような振り返りを書いています。本人の了承を得た上で紹介します。

　　その発言を聞き、私はショックを受けた。私は「日本語の勉強のために」という目的で発表することを一切考えておらず、ただ自分が考えたことや感じたことを参加者の皆さんに共有できたらよいと思い、発表しようと思った。しかし、その日本人に「この留学生がただ日本語の勉強のために発表している」というように感じ取られてしまった。やはり、外国人が発表することは「自分の日本語能力を高めたいから発表するのだ」と思っている日本人が多いのではないだろうか。また、発表の内容や中身より、日本語能力や日本語が流暢に話せるのかを重視しているのだろうかと感じた。

　「日本語の勉強のために」といった日本語能力に関わる発言は日本人から外国人に対して一方通行的に発言される点が問題と言えるでしょう。この留学生のように、議論、対話に十全的に参加したとしても、非対称的にこうした発言がされる可能性があります。
　「日本語で話して」や「日本語の勉強のために」といった発言を向けられたら、外国人がどのような気持ちになるのか、こうした「想像力」の壁を超えるのは容易ではないことがこの事例からうかがえます。

4.2　制度の壁
　次にわたしとともに地域日本語教育にファシリテーターとして関わっているＡさんから直接教えてもらった事例を取り上げます。
　Ａさんが暮らしている東京都内の行政単位では、妊娠中のすべての人を対象に、出産や育児の心配事に関する面接を行っています。面接に行くと、地域の産前・産後サービスが利用できる「子育て利用券」が配付されます。Ａさんは、係の人と1対1の面接を受けました。まず、職業、体調、家族構成、出産・育児の心配事などに関するアンケートを書き込み、それをもとに行わ

れました。係の人は感じのいい人で、面接はかなり情報量が多い印象でした。

　その後、聞きたいことを何でも聞いてよいとのことで、Aさんは、外国人のお母さんにどのように対応しているかを聞いてみました。日本語ができる人には日本語で対応し、英語担当の人もいて、父親が日本人の場合は一緒に来てもらっているとのことでした。Aさんが「英語がわからない人だったらどうするんですか？」と尋ねると、「今までそのようなことはなかった」との返事でした。そこで、「それは英語や中国語など以外の人は、面接があるという情報にもアクセスできていないためではないか」と尋ねたところ、係の人は「その部分はなかなかまだ対応できていなくて」と申し訳なさそうに答え、「ことばがわからない場所で出産、育児をするのはより不安がありますよね。やはり日本で子育てするなら日本語ができたほうがいいから、妊娠している間に少し日本語を勉強していただけるといいかなと思うんですが」と付け加えました。係の人は、以前、自分が病院で勤めていたときに、タイの人など、ことばが通じない妊婦さんの出産の際、その人のことばで「いきんで！」と書いたフラッシュカードを作り出産のサポートをした話や、多くの言語で「痛い」ということばを覚えた話をしていたそうです。Aさんは以下のように振り返っています。

　　個人レベルでは目の前にいる人のためにできる限りのことを工夫されていた人でも、公的な機関の一部になると「日本語で……」といった対応になってしまうところに何か「多文化共生」の落とし穴があるような気がしました。また、ことばがあまり自由でない状況で情報を得る、情報にアクセスする、役所に電話をかける、予約をする、その役所のその課に行く、1対1の面接を受ける、というのはどれもハードルが高いのではないかと感じました。

　「やはり日本で子育てするなら日本語ができたほうがいいから、妊娠している間に少し日本語を勉強していただけるといいかなと思うんですが」という担当者の発言に関し、日本で子育てをするなら日本語ができたほうが安心であることは確かに事実でしょう。しかしながら、少し日本語を学んだ程度

96　　第2部　3章　社会を拓く多文化共生

で、情報にアクセスしたり、面接を電話で予約したり、面接で担当者と話すことができるでしょうか。Aさんの面接を担当してくれた人は、ことばが通じない妊婦には理解できることばでフラッシュカードを作ったり、「痛い」をいくつもの言語で覚えたりするほど外国につながる妊婦をサポートしていた経験を持つ人でした。そのような人であっても行政としての立場では、制度の壁に関し、Aさんに指摘されるまで無自覚であったということになります。この事例からも制度の壁だけではなく「想像力」の壁が感じられます。Aさんが述べている通り、ハードルはかなり高いと言えます。

5　そこに希望はあるのか

　山田さんは、多文化共生の取り組みを、地域日本語教室から行っていくために、NPO法人「地域日本語学習全国ネットワーク」（仮称）の創設と地域日本語教室、日本語ボランティアネットワーク等に多文化共生コーディネーターを配置することを提案しています。

　山田さんによれば、多文化共生コーディネーターは、文化庁で人材養成がされている「地域日本語教育コーディネーター」の役割に加え、日本人や日本社会の多文化への適応を促すための活動をコーディネートする役割を担います。わたしも山田さん同様、マジョリティ側である日本人や日本社会が多文化に適応し、必要に応じて社会を変えていくための取り組み[10]をコーディネートしていく人材の養成が強く求められていると思います。2018年3月、文化庁は文化審議会国語分科会でとりまとめた「日本語教育人材の養成・研修のあり方について」という報告書を発表しました。日本語教育人材として、地域日本語教育コーディネーターが挙げられています。その求められる資質や能力として「地域社会の課題解決に取り組もうとする」(p.25) 態度が挙げられているものの、報告書全体を通して、日本人や日本社会の多文化への適応を促すための教育活動を実践していくという視点はあまり感じられませ

※10 例えば、山西 (2013) では、地域日本語教室という枠を超えた「地域多言語・多文化教室」が提案されています。

第2部　3章　社会を拓く多文化共生　　97

ん。

　東京都国際交流委員会が 2017 年 12 月から 2018 年 1 月にかけて「多文化共生コーディネーター研修」を行いましたが（わたし自身、その研修を受けました）、その研修における多文化共生コーディネーターの資質は以下の通りです。

　　　・外国人住民に関わる法制度について基本的に理解している。
　　　・多文化共生の諸課題に関わる知識を有している。
　　　・多文化共生に関わる施策や事業について関係機関・部局等の
　　　　コーディネートや企画立案ができる能力を有する。

　実際の研修では、法制度や諸課題に関する知識を増やす講義はありましたが、コーディネーター論に関する講義やワークショップなどはありませんでした。今後この研修が継続されるのであれば、この点が課題になるかと思います。

　山田さんが提案している「多文化共生コーディネーター」のイメージに近い取り組みとしては、多文化社会専門職機構 (TaSSK) [11] の「多文化社会コーディネーター認定事業」が挙げられるかと思います。TaSSK は 2017 年に設立されました。事業の 1 つとして、多文化社会の問題解決を通じて「多文化共生」社会の実現に貢献する専門職として多文化社会コーディネーター、相談通訳者の認定事業を行っています。TaSSK は、多文化社会コーディネーターを以下の通り定義しています。

　　あらゆる組織において、多様な人々との対話、共感、実践を引き出
　　しつつ、「参加」→「協働」→「創造」の問題解決へのプロセスをデ
　　ザインしながら、言語・文化の違いを超えてすべての人が共に生き
　　ることのできる社会に向けて、プログラム（活動）を構築・展開・
　　推進する専門職

※ 11 多文化社会専門職機構のホームページ　http://tassk.org/（2018年10月3日検索）

この定義を踏まえれば、山田さんが多文化共生コーディネーターに期待している「外国人移住者対象と日本社会側対象、双方の『多文化共生』学習のコーディネート」や「教室内外でのボランティア、学習者等当事者間の相互研修のコーディネート」などの役割は、多文化社会コーディネーターの役割の１つであると言えるでしょう[12]。一例を挙げるならば、わたしはTaSSKから多文化社会コーディネーターとして認定されており、難民を含むミャンマー出身者と日本語教育に関わる者（日本人だけではなく留学生も含む）との日本語活動における学び合いをコーディネート、ファシリテートしています。活動では、例えば、平和に関する問題や老老介護の問題、日本における難民問題や外国人労働者の現状などをテーマに対話をしていますが、こうした対話による「学び合い」によって、日本社会が少しずつ多文化に適応していくことを促せたらと思います。そしてまた、この活動が「新たな文化をつくる」試みでありたいとも思います。「新たな文化をつくる」ことに関しては、この後で説明します。

　また、TaSSKの団体概要では、「『外国人住民が日本社会に適応するだけでなく、状況に応じて、日本社会の側からも変わっていく』というような柔軟な姿勢を持つこと＝支援のあり方が肝要」であり、「専門職としてのコーディネーターや相談通訳者等の存在がより大きな役割＝つなぎ役等を果たす時代が到来することは必然となるでしょう」と述べられています。つなぎ役としての多文化社会コーディネーターや相談通訳が専門職として４節で述べた心の壁や制度の壁、想像力の壁を前に、活動を構築・展開・推進し、「新たな文化をつくる」試みに取り組んでいく必要があるでしょう。

　「新たな文化をつくる」ということばに関し、少し説明を加えます。詩人の金子みすゞの「わたしと小鳥とすずと」という詩の「みんなちがって、みんないい」ということばが多文化共生を語る場でたびたび引用されているようです。わたしは半分共感しますが、半分は違和感があります。「みんなちがって、みんないい」ということばを静的に捉えた場合、マジョリティとマイノ

---

[12] 山田さんの論文では、地域日本語教育におけるコーディネーターには、システムコーディネーターとプログラムコーディネーターが存在することが指摘されています。この点に関し、例えば、北村（2012）を参照してください。

リティが交わることなく、互いに互いを認め合う、また、自分自身をそのまま認めるということになってしまうように思います。認め合うことはいいことなのですがマジョリティ側の変容がなければ、結局、マイノリティはマジョリティに飲み込まれてしまうか、排除されてしまうのではないでしょうか。多文化社会では、すべての者が互いの変容を前提とした上で新たな文化をつくる試みに関わることが求められると思いますし、それをコーディネートするのが多文化社会コーディネーターの役割なのではないでしょうか。

　最後に皆さんに伝えたい希望は、ささやかな日常での実践です。例えば、4節で紹介したAさんの事例がそれにあたります。Aさんは、「わたしと面接してくれた担当者の人に何らかの気づきや学びがあったならうれしいし、それが担当者自身の視点や考えを広げるきっかけになるかもしれません。また、自分自身、妊娠してから日本語教育や地域日本語教育の現場から離れたように感じていましたが、実はささやかな実践ができるんじゃないのかという小さな興奮や気づき、学び、自信を得ました。社会とつながっている、社会に発信する力が微力ながらあると感じたんです」と話してくれました。

　Aさんが面接担当者に尋ねたことは、本当に小さなこと、小さな試みだったかもしれません。しかしながら、日常のこうした微細な実践の積み重ねなしに、社会を変えていくこと、そして、誰もが生きやすい社会をつくっていくことはできないのではないかと思います。わたしはそこに希望を感じています。

参考文献

あべやすし (2015).『ことばのバリアフリー ―情報保障とコミュニケーションの障害学』.生活書院.

岩渕功一 (2010).「多文化社会・日本における〈文化〉の問い」岩渕功一 (編),『多文化社会の＜文化＞を問う　共生／コミュニティ／メディア』pp.9-34.青弓社.

植田晃次・山下仁 (編)(2006).『「共生」の内実　―批判的社会言語学からの問いかけ』三元社.

上野昌之 (2012).「アイヌ民族とアイヌ語学習 ― 先住民族の言語権の視点から」『埼玉学園大学紀要. 人間学部篇』12, pp. 231-243. 埼玉学園大学.

岡典栄 (2013).「ろう児に対して第二言語として日本語教育を行うことによるエンパワーメント」『日本語教育』155号, pp. 66-80. 日本語教育学会.

川崎市 (2015).『川崎市多文化共生社会推進指針　―共に生きる地域社会をめざして―(改訂版)』川崎市.

北村祐人 (2012).「『地域社会を創る』―システム・コーディネーターの立場から―」『シリーズ多言語・多文化協働実践研究 15 地域日本語教育をめぐる多文化社会コーディネーターの役割と専門性』東京外国語大学多言語・多文化教育研究センター.

木村護郎クリストフ (2004).「なぜ二言語教育なのか ―言語権の観点から」小島勇 (監修).『ろう教育と言語権　ろう児の人権救済申立の全容』pp.79-89. 明石書店.

渋谷謙次郎 (2012).「言語権と人権・平等」ましこ・ひでのり (編),『ことば／権力／差別　言語権からみた情報弱者の解放』三元社.

杉澤経子 (2012).「地域日本語教育分野におけるコーディネーターの専門性」『シリーズ多言語・多文化協働実践研究 15 地域日本語教育をめぐる多文化社会コーディネーターの役割と専門性』東京外国語大学多言語・多文化教育研究センター.

総務省 (2006).『多文化共生の推進に関する研究会　報告書 ―地域における多文化共生の推進に向けて―』総務省.

高橋朋子 (2012).「母語教育の意義と課題 ―学校と地域, 2つの中国語教室の事例から」『ことばと社会』14号, pp.320-329. 三元社.

田尻英三 (編)(2017).『外国人労働者受け入れと日本語教育』ひつじ書房.

塚原信行 (2010).「母語維持をめぐる認識と実践 ―ラテン系移民コミュニティと日本社会」『ことばと社会』12号, pp.48-77. 三元社.

東京都 (2016).『東京都多文化共生推進指針　―世界をリードするグローバル都市へ』東京都.

西日本新聞社 (編)(2017).『新　移民時代 ―外国人労働者と共に生きる社会へ』明石書店.

浜松市 (2013).『多文化共生都市ビジョン』浜松市.

原智章 (2010).「『多文化共生』をめぐる議論で、『文化』をどのように語るのか？」岩渕功一 (編),『多文化社会の＜文化＞を問う　共生／コミュニティ／メディア』青弓社.

文化庁文化審議会国語分科会 (2018).『日本語教育人材の養成・研修の在り方について (報告)』文化庁.

松尾慎・菊池哲佳・Morris, J. F・松﨑丈・打浪 (古賀) 文子・あべやすし・岩田一成・布尾勝一郎・高嶋由布子・岡典栄・手島利恵・森本郁代 (2013).「社会参加のための情報保障と『わかりやすい日本語』―外国人、ろう者・難聴者、知的障害者への情報保障の個別課題と共通性―」『社会言語科学』第 16 巻／第 1 号, pp.22-38. 社会言語科学会.

毛受敏浩 (編)(2016).『多文化共生政策へのアプローチ』明石書店.

山田泉 (2002).「地域社会と日本語教育」細川英雄(編),『ことばと文化を結ぶ日本語教育』凡人社.

山田泉 (2003).「日本語教育の文脈を考える」岡崎洋三・西口光一・山田泉(編),『人間主義の日本語教育』凡人社.

山西優二 (2013).「エンパワーメントの視点からみた日本語教育 ―多文化共生に向けて―」『日本語教育』155 号, pp. 5-19. 日本語教育学会.

山脇啓造 (2011).「日本における外国人政策の歴史的展開」近藤敦 (編),『多文化共生政策へのアプローチ』明石書店.

山脇啓造 (2017).「多文化共生 2.0 の時代―総務省の取り組みを中心に」『留学交流』2017 年 7 月号 vol.76, pp.1-9. 独立行政法人日本学生支援機構.

社会を拓く多文化共生
―壁と希望―
を読んで、わたしなりの意見

山田泉

1 「開発主義」的多文化共生の罠

　流行語の「持続可能な開発」同様「開発主義」的多文化共生も警戒したい。

　家族や「仲よしグループ」などという小さな単位から、地域社会、学校、会社など、さらには国家や世界などという大きな単位まで、それぞれの「人間社会」では、それを構成するメンバーの一人ひとりすべてが、個々の違いを超えて、対等・平等にその「社会」に参加できることが必要です。それができる社会こそが「多文化共生」社会なのだと考えます。

　ここには、「マジョリティ」と「マイノリティ」といった概念も、「強者」と「弱者」といった社会的力関係（ソーシャル パワーリレーション）も存在しないはずです。「健常者」と「障碍者」ということばすらないかもしれません。完全に「ユニバーサル」で「ノーマライゼーション」が行き渡った社会ができていれば「障碍」さえ存在する余地がないからです。

　現在、そのような社会はどこにも存在しないと断言できるでしょう。だから、そんな社会を思い描いても無駄なのでしょうか。わたしは、そうは思いません。まさにこの誰もが対等・平等に社会参加できる「理想」の社会こそ多文化共生社会です。それぞれの人間社会では、そこに一歩でも近づくために、メンバーがともに考え、議論し、行動し、評価していくことが必要なのだと思います。個人が社会に対等・平等に参加できるということが、「人権」の大きな要素の1つだからです。

　さて、松尾さんの論文では、88ページに「インターカルチュラル・シティー・プログラム」という概念について紹介があります。同ページの脚注4の解説には「文化的多様性を、脅威ではなくむしろ好機と捉え、都市の活力や革新、創造、成長の源泉とする新しい都市政策」とあります。また、90ページの脚注6では、外国人の流入を「都市の活力の源

泉となり得る」とする浜松市の「ビジョン」が採る視点に触れています。まさに、社会の多様性（ダイバーシティ）が社会の強さにつながり、もともとあるその社会やそこに暮らしていた人々にとってもプラスになるという視点です。わたしも、まったくそのとおりでたいへんよいことだと考えます。

　しかし、これらはわたしが言う「開発主義」に基づく考え方です。社会をより強く、より進歩させることを目的とし、多様性はそれを実現するための手段の１つとする位置づけです。あくまで、社会のために個人を見ていると言ってよいでしょう。これに対し、一人ひとりの個人の視点に立ってすべての人が対等・平等に参加できる社会のあり方を問うのが「人権主義」に基づく考え方で、世界人権宣言の理念と一致します。

　開発主義だろうが、人権主義だろうが、社会の多様性を肯定的に評価しそれを社会の「豊かさ」とすることには変わらないという意見があるでしょう。そのとおりです。それだから「戦略的同化」が有効なわけです。社会のマジョリティの多くが共感を抱くだろう「開発主義」のダイバーシティをも否定せず、マジョリティの多くを味方につけつつ、その実、しっかりと「人権主義」に基づく多文化共生社会を目指していくという戦略です。もちろん、マジョリティをだますためではなく、マジョリティをも満足させる、説得力のある方法を採るということです。ところで、戦略的同化を行う上で、「開発主義」と「人権主義」の違いをたえず自らに言い聞かせる必要があります。そうでないと、戦略的同化をしているつもりで、いつの間にか「開発主義」に巻き取られ単なる「同化」をしてしまいかねないからです。

　中国帰国者で中学校の教員をしている方が次のようなことを言っていました。「自分はたまたま努力できる環境にあって運がよかったから教員になれたけど、社会の人たちが努力すればああなれるのに、なれない人は努力が足りないからだと言うのはまったく違うと思う」。戦略的同化を実践している人のことばだと思います。

2　マジョリティとマイノリティの「共感」

　多文化共生に向けた意識啓発で重要な要素の1つに「共感」する力というものがあると思います。94ページの「4.1 こころの壁」には、多国籍ワークショップのグループワークで、日本人が留学生で来日したばかりの同国人に母語でフォローしていた人に、「わたしたち○○○語わからないから、日本語で話して」と強い口調で言ったという指摘がありました。これは、互いの「共感」につなげるよい機会かもしれません。

　わたしが体験した別の多国籍ワークショップで、日本人参加者同士が小声で、「休みの駅前は○○人が一杯で、正直怖いですね」。「ほんと引いちゃいますよね」と。すると近くにいた○○人が、笑いながら「怖いでしょう。日本は日本人一杯。わたし怖いです」。で、みんなが大笑いをしました。本音の対話こそ共生への道だと思います。

第2部　3章　社会を拓く多文化共生　105

第 2 部　3 章　社会を拓く多文化共生

第 3 部

第3部　1章

多文化共生と演劇ワークショップ
―理論と実践―

飛田勘文

1　はじめに

　このところ、学校、劇場、公民館、博物館、国際交流協会、アートプロジェクト、芸術祭、企業などの研修会やイベントで、多文化共生をテーマとする演劇や演劇ワークショップが実施されています。国内で海外にルーツを持つ人々と出会う機会が多くなり、日本人の間に彼／彼女たちとどのように接したらよいのかという不安が募っていることや、日本人とそうした人々の間に衝突が生じ、社会問題にまで発展するケースが増えていることが原因として挙げられます。そこで、芸術家や学校の先生のみならず、さまざまな人々が海外にルーツを持つ人々と仕事や生活をともにする中で遭遇する問題について考えたり、共生や共創を実現すべくそうした人々と一緒に活動する場を設けたりするために演劇を活用しています。

　どうして演劇が多文化共生に有効なのでしょうか。芸術には文学、美術、音楽、映画などさまざまな分野がありますが、演劇は自分とは本質的に異なる他者との共同作業を前提とし、他者との関係を問うことを得意とする社会的芸術だからです。俳優は、他の俳優やデザイナーたちと協力しながら劇を創作します。その内容についても、古代ギリシアの詩人アイスキュロスの戯曲『アガメムノーン』から、現代演劇で言えば、例えばオーストリアの劇作家エルフリーデ・イェリネクの戯曲『光のない。』に至るまで、個人と他者の問題を扱った物語が数多く存在します。わたしが尊敬するイギリスの演出家ピーター・ブルック（1993）は、異国の俳優と劇を創造していく中で、演劇

の可能性を次のように説明しています。

> 演劇がなければ、おおぜい集まった他人同士が短時間のうちに深く
> 関わることはできない。演劇という場では、うたい、踊り、対立を
> 演じることによって、また興奮と笑いによって膨大なエネルギーが
> 発散されるので、わずか一時間でも驚くべきことが起こることがあ
> る。[中略]この効果がとくに強力なものになるのは、さまざまな
> 背景をもつ俳優が集まった場合だ。国際劇団では、一見なんの共通
> 点もない人々が互いに深く理解し合うことが可能になる。文化があ
> らゆる方面で試練に立たされているこの時代に、こういった出来事
> は、演劇が役に立つこともある、いや必要でさえあるという思いを
> ささやかながら呼び覚ましてくれる。(pp.198-199)

　芸術はけっして万能ではありません。今この瞬間に問題に直面している海
外にルーツを持つ人々を支援したり、目前にある多文化共生の問題を解決し
ていくためには、本書の他の著者たちが行っているような献身的な活動が必
要です。しかし、わたしは、ある部分では「演劇を創る行為と社会を作る行
為は同じである」という前提のもと、一般の人々が演劇に参加し、体験する
ことがより公平で豊かな多文化共生社会を実現していく上で必要だと考えて
います。
　本章では、最初にわたしの多文化共生をテーマとする演劇ワークショップ
の実践を支えるイギリスの演劇ワークショップの理論を紹介します。続いて、
その理論のもとに実施した演劇ワークショップの内容を紹介し、そこから多
文化共生社会の理解や実現に演劇ワークショップがどのように貢献するのか
を検討していきます。

2 イギリスのドラマ教育と多文化共生

わたしはイギリス（イングランド）の大学で演劇ワークショップ、正確にはドラマ教育（学校で主に教師が行う演劇活動）[※1] の基本的知識と技術を習得しましたが、イギリスの多文化共生をテーマとするドラマ教育の活動を説明する上でわたしが重要だと考えている人物が 2 人います。1 人は現在のイギリスのドラマ教育の基盤を築いたドロシー・ヒースコート（Dorothy Heathcote）[※2] で、もう 1 人は、彼女のドラマ教育の理論を継承しつつも、新しく学校に導入されたナショナル・カリキュラムとの関係から新しいドラマ教育の考え方を提案したジョナサン・ニーランズ（Jonothan Neelands）です。

2.1　ドロシー・ヒースコートの「理解のためのドラマ」

ヒースコートは、1970 年代に入ってから注目されるようになったドラマ教育の教師です。ハリエット・フィンレイ＝ジョンソンやピーター・スレイドなど、20 世紀初頭から半ばにかけて活躍した教師や芸術家たちが当時の進歩主義（児童中心主義）教育運動の影響を受け、児童にとっての自然な学びの方法として演劇に注目しました。彼らは学習者が劇への参加過程で得る経験に豊かな学びや発達の可能性を見いだし、俳優がウォームアップで使用するエクササイズを活用してさまざまな能力を開発したり、劇遊びを通して

[※1] 「ドラマ」「シアター」「演劇」の 3 つの用語の使い分けについて。イギリスのドラマ教育において、20 世紀半ば、人間の育成（教育）を目的とする「ドラマ（drama）」と劇の上演など（芸術）を目的とする「シアター／演劇（theatre）」を差別化する動きがありました。しかし、1990 年代にドラマ教師や研究者の間で、ドラマとシアターの差別化がさまざまな問題を生じさせているとしてその 2 つの用語の理論的な統合が試みられました（O'Toole, 2009）。それ以来、「ドラマ・エデュケーション（ドラマ教育）」や「シアター・イン・エデュケーション」などの分野を言及するときや、「ドラマ・イン・エデュケーション」などの特定のドラマ教育の伝統を指し示すとき以外は、その 2 つの用語の間にあまり厳しい差別化が行われていません。むしろ、両方の用語を包括的に、豊かに使いこなしていくことが試みられています。本稿では、イギリスのドラマ教育の「ドラマ」と「シアター」の差別化の問題を意識しつつも、その用語の差別化が必須ではない場合には、その両方の用語を包括する用語として「演劇」を使用します。

[※2] 彼女の出身地であるヨークシャー特有の発音「Heth' cut」に基づいて「ドロシー・ヘスカッツ」と訳されることもある（中山, 2007）。

豊かな人格を育んだり、歴史や文学作品を劇化し、その理解を深めたりするなど、主に経験の獲得を重視する演劇活動を開発しました。それに対して、ヒースコートは、ドイツの演出家ベルトルト・ブレヒトの「異化効果」やアメリカの教育者ジョン・デューイの「問題解決学習」などの影響を受け、学習者が劇への参加過程で得た経験を検証し、新しい理解へと昇華することを重視した演劇活動——「理解のためのドラマ（drama for understanding）」を提案しました（Heathcote, 1984）。

> ドラマとは、人間の経験を新しい理解へと更新することである。
> それは事実を使用しつつ、常にその新しい理解を融合していく。
> (p.122)

　例えば、彼女は「役を演じる教師」を意味する「ティーチャー・イン・ロール（teacher-in-role）」(p.163) という演劇の技法を考案しました。教師自身も登場人物の1人として劇（物語）に参加しながら、他の登場人物を演じている最中の学習者に対して積極的に質問を投げかけることで、そして演じ終わった後にも振り返りを入れることで、学習者に、登場人物の思考、その登場人物の人間関係、その登場人物が抱えている問題、劇のテーマなどを考えさせました。

　また、このような新しい演劇を提案する中で、彼女は、当時のイギリス社会における共同体の崩壊や移民の流入という社会問題を背景として、演劇への参加を通して「他者の立場に立つこと」(p.44) の重要さも指摘しました。個人の経験は偏っており、狭いものです。だから、人はときに相手の言っていることが理解できず、あるいは理解できても受け入れることができず衝突します。そこで、彼女は学習者が劇の登場人物となり、その経験を自分の中に取り込んで自分の経験を拡大させることを提案しました。そして、そうすることによって、その学習者がその登場人物や同様の境遇の人々に対して理解や共感を示すことができるようになるのではないかと論じました。

　多文化共生をテーマとする演劇ワークショップでは、この「他者の立場に立つ」という考え方が重要になります。例えば、移民を演じてみることで、

学習者はその移民がどのようにこの社会を見聞きしているのか、どのように感じ、考えているのかということを、頭ではなく心で、情報や知識としてではなく感情として理解します。その経験を通して、学習者は移民も自分と同じ心を持った人間であることに気づき、移民に対する理解を深めたり、彼／彼女たちの考えに共感したりするようになります（DICE, 2008）。イギリスのドラマ教育の教師や芸術家は、演劇におけるこの自分と他者の交差こそが民主的社会の構築には必要不可欠だと考えています。

2.2 ジョナサン・ニーランズの「アンサンブルに基づくドラマ」

　その後、次世代のドラマ教師であるニーランズが、ヒースコートの理論を継承しつつ、1988 年に学校にナショナル・カリキュラムが導入されたことを受け、演劇を「教科」としてナショナル・カリキュラムに定着させていくための研究と実践を行いました。そして、その研究や実践を重ねる中で、2002 年にナショナル・カリキュラムの中にシチズンシップ教育が新設されると、彼は、演劇をシチズンシップ教育との関係で再検討しました。

　検討にあたって、彼はフランス語で「一緒に演じる（acting together）」を意味する演劇の専門用語「アンサンブル（ensemble）」に注目し、「アンサンブルに基づくドラマ（ensemble-based drama）」を提案しました（Neelands, 2009）。もともと、演劇は複数の俳優や参加者が劇の上演を一緒に準備し、一緒に演じることを前提にしていますが、彼のアンサンブルに基づくドラマは、学習者たちが劇の創作過程で形成していく「コミュニティ」に注目します。

　このコミュニティは、2 種類に分けて考えることが可能です。1 つは、演劇を創るという協働を通して学習者たちの間に民主的なコミュニティが形成されるという意味（第 1 のコミュニティ）で、もう 1 つは、創りだす演劇の内容が理想的なコミュニティを描き出すという意味（第 2 のコミュニティ）です。彼は学習者が形成するこれらのコミュニティにシチズンシップ教育とのつながりを見いだし、なかでも第 1 のコミュニティを古代ギリシアの代表的ポリス（都市国家）であるアテナイの政体の原理に関連づけました。

アンサンブルに基づくドラマの社会的かつ平等主義的条件の中で一緒に活動する時、若者たちは、自己管理、自己統治、自己調節する社会的集団になるという要求に取り組む機会を得る。その社会的集団は芸術的・社会的に共創し、教室を超えてアテナイのポリスの理想（オートノマス［autonomous ／自己立法］、オートディコス［autodikos ／自己判断］、オートテレス［autoteles ／自己統治］）のひな形を形づくりはじめる。(p.182)

　通常、劇を作るとき、演出家（教師）は俳優（学習者）に対してさまざまな指示を出しますが、ニーランズの説明によると、アンサンブルに基づくドラマでは、教師の権力ははく奪され、その場の全員に分配されます (p.184)。つまり、主体である若者たちが自らの手で自らのコミュニティを形成し、管理し、維持することが求められます。その際、教師は、コミュニティの一員として劇の中で学習者と一緒に学び、協働のための取り決めなどの交渉（調整役）を担当します。また、一般的に、わたしたちは「架空（演劇）の世界」と「現実の世界」を異なるものとして認識しますが、上記のニーランズの主張からは、彼が、劇中で若者たちが自らの手で自らのコミュニティを形成し、管理し、維持することと、教室内や学校の外の現実の社会の中でそうすることを同義と捉えていることが読み取れます。

　この「若者たちが自らの手で自らのコミュニティを形成し、管理し、維持する」という見解は重要です。なぜならば、それは、自分たちが、今後どのようなコミュニティを形成していきたいのかという希望や未来に関係しているからです。これは、先に述べた第1と第2のコミュニティの両方に関連するものです。アンサンブルに基づくドラマでは、自由な発言と表現が保証されているという前提のもと、学習者は、自分の体を使用しながら実験的にまだわたしたちが発見することができていないような他者とともに暮らす方法や、まだわたしたちが見たことのないような新しい社会のあり方を模索します。

［アンサンブルに基づくドラマでは］子どもや若者たちは、お互いに反発するというよりは、むしろともに生きるための新しい方法を想像し、模索するように、また共通の欠点において団結することができるように、さらには多元コミュニティの新しいモデルを創造するように導かれる。(p.176)

イギリスは6人に1人、約938万人が外国出身者 (Office for National Statistics, 2018) という移民大国ですが、この「多元コミュニティの新しいモデルを創造する」の一節は、彼もまた、特定の集団に都合のよい多文化共生社会ではなく、そのコミュニティに属する者全員に公平な多文化共生社会の構築を意識していることを示唆しています。

多文化共生をテーマとする演劇ワークショップで、ブラジルの演出家アウグスト・ボアール (1984) の被抑圧者の演劇の中の1つ「フォーラム・シアター」が使用されることがあります。フォーラム・シアターでは、まず俳優や参加者がある個人や集団の抱えている問題を劇化し、次に、その劇の観客たちが、なぜそのような問題が生じているのかを分析したり、実際に劇中の問題が描かれている場面に介入し、その問題の理解と解決を試みます。これも一種の未来や希望の創造と言えるものです。ニーランズは、彼の著書や論文の中で、たびたび、パウロ・フレイレの「被抑圧者の教育学」を引用しています。したがって、アンサンブルに基づくドラマにおいても被抑圧者の教育学や被抑圧者の演劇の考え方は、基本的な土台として存在しています。しかし、わたしは、ニーランズのアンサンブルに基づくドラマはその先も見すえていると考えています。つまり、フォーラム・シアターは1つの見方として、「問題を抱えている個人や集団がその問題から解放されること」に力点を置いていると考えることができますが、アンサンブルに基づくドラマは、個人や集団が問題から解放されている状態において、つまり人権が尊重され、人々が大きな夢や希望を抱くことが可能な状態において、「わたしたちはどのように生きていきたいのか」「どのような社会で暮らしていきたいのか」ということに関係しています。

演劇を通して多文化共生の問題に関する理解を深めたり、解決したりする

ことも大切ですが、わたしは演劇ワークショップの参加者全員——海外にルーツを持つ人々と日本人の両方が、その問題を乗り越えた先にある「希望ある多文化共生社会」について探り、演劇活動の中で実際に形づくり、それを多くの人と共有していくことも大切ではないかと考えています。人が幸せに生きるということは、一人ひとりの人間が自分の持つ可能性を十全に発揮することができるということです。もし現在の日本社会の中にそれを可能とする仕組み、生活様式、働き方などが存在しないのであれば、演劇の虚構を最大限に活用して、海外にルーツを持つ人々と日本人の両方が自分の可能性を十全に発揮することのできる社会とはどういうものなのかを模索し、出てきたアイディアを具現し、検証してみることが大切です。

　演劇の中で形づくられるもう1つの社会（希望）は、（正確には密度が高められているという言い方が的確なのですが）その規模は小さく、形は未熟で、現実感も希薄かもしれません。しかし、それは、その場にいる全員で作り上げた、しかも、誰か1人ではなく、個々人の意見がきちんと反映された集合的希望です。イギリスのドラマ教師ジョー・ウィンストンの資料によると、イギリスの児童青少年演劇の劇作家マイク・ケニーは演劇のこうした特徴を踏まえ、ドラマを「社会的に夢を見る形式（a form of social dreaming）」と定義しています（Winston, 2002, p.104）。そして、たとえ架空の世界の中であっても実際に希望が形づくられたのであれば、それは現実世界の中でも同じ希望を形づくることが可能かもしれないことをほのめかしています。私たちは見たことや経験したことがないものについてはその実現を信じることが難しいですが、見たことや経験したことがあるものについてはわりと容易にその実現を信じ、そこに向かって力強く行動を起こしていくことができるのではないでしょうか。ニーランズのアンサンブルに基づくドラマは、多文化共生に関わる人々が演劇の中で、空想や空論としてではなく、具体的に形あるものとして希望と出会い、その体験をもとに現実社会でもその希望に向かって、全員で行動を起こし、広く大きく活躍していくことを支援します。

　続いて、わたしが、この2人のドラマ教師の理論に基づきながら国内外で実施した多文化共生をテーマとする演劇ワークショップについて解説していきたいと思います。

3 海外にルーツを持つ人々の立場に立つ

　2016年2月、わたしは本書の企画者である松尾慎さんに声をかけてもらい、彼がビルマ（ミャンマー）難民のために開催している Villa Education Center (VEC) 日本語活動に参加するようになりました。これは彼がビルマ難民で民主活動家のチョウチョウソーさんからの依頼を受けて実施しているものです。わたしは、その活動への参加を通してミャンマーの文化や歴史、日本とアジア諸国の関係、国内の難民や多文化共生の問題などについて学ぶようになり、そしてその関わりの中から国内の多文化共生をテーマとする演劇ワークショップを実施するようにもなりました。

　本節と第4節では、VEC 日本語活動での活動をもとに、開発教育協会の全国研究集会で実施した2つの演劇ワークショップの内容を紹介します。そのどちらもが、本書の第1部で紹介があった国内の奴隷的多文化共生や同化的多文化共生の問題点を具体的に表現し、指摘するものです。その両方でヒースコートの「理解のためのドラマ」の理論が採用されています。しかし、本節で紹介する最初の演劇ワークショップが「海外にルーツを持つ人々の人生を追体験し、彼／彼女たちの立場に立ってみること」に重点が置かれているのに対して、第4節で紹介する演劇ワークショップは、「海外にルーツを持つ人々との間で生じる問題を具現し、理解を深めること」に焦点が当てられています。

　2016年8月、松尾さん、前田朝子さん (VEC 日本語活動ファシリテーター)、チョウチョウソーさん、人見泰弘さん（名古屋学院大学准教授／ビルマ系難民コミュニティ研究者）、そしてわたしは開発教育協会の第34回全国研究集会に参加し、フィールドワーク「『難民問題』を自分ゴトとして捉える」を実施しました（松尾・前田, 2016）。この時期はヨーロッパにおけるシリア難民の受け入れに関するニュースが頻繁に流れた時期で、日本の人々は、「難民」ということばをよく耳にしました。しかし、実際のところ、難民とはどのような存在なのかがあまりよくわかりません。そこで、わたしたちは自分たちの環境を生かして、本フィールドワークの参加者に、国内で生活するビルマ難民に出会ってもらいました。そして、彼／彼女たちの語りを聴いてその日常生活を知り、難民に関するさまざまな問題を自分ごととして捉える活

動を行いました。

　本フィールドワークの流れは、次の通りです。最初に、人見さんがビルマ難民の歴史について講義し、ビルマで 1988 年に民主化運動が発生したことや、ビルマ難民が 1991 年前後に来日しはじめたことなどを伝えました。次に、松尾さんと前田さんが VEC 日本語活動での難民との日本語活動の様子を紹介しました。そして、3 番目に、わたしが、演劇ワークショップを実施しました。なぜ演劇が難民に対する理解を深めるのに有効なのでしょうか。イベント当日、わたしは、このフィールドワークで演劇ワークショップを導入する意義を、次のように説明しました。

> 演劇とは架空の登場人物、つまり他者になってみることである。他者になってみることで、他者の視点から世界を眺め、経験することが可能となる。例えば、難民をテーマとする演劇（物語）の場合、わたしたちは難民の目と心と体で、彼／彼女たちが生きる世界を経験し、感じる——喜ぶ、笑う、怒る、悲しむことを体験する。その結果、わたしたちは難民と同じ目線から彼／彼女たちに対する理解を深める。さらに、難民のことを自分とは無関係の肉塊としてではなく、魂を持った身近な存在として認識するようになる。演劇は、そうした自己と他者（難民）の魂と心の交差を通してどのようにすればわたしたちはともに生きていくことができるのかを考えはじめるきっかけを提供してくれる。

　本演劇ワークショップでは、亡命するにあたって祖国で妻に別れを告げたというチョウチョウソーさんの経験（参考：土井, 2016）を踏まえ、わたしは参加者に、翌日他国に亡命する夫と祖国に残る妻の別れの場面を演じてもらいました。その際、その場面のリアリティー（どの程度、事実的根拠に基づいた作品になっているか）については観劇後のチョウチョウソーさんたちのコメントで調整を図ることとし、参加者には自由にその場面を演じてもらって、登場人物の中に湧き上がる「多種多様な感情」や「感情の揺れ」を感じ取ることに専念してもらいました。そして、その場面での夫婦の会話の内

118　第 3 部　1 章　多文化共生と演劇ワークショップ

容や握手（身体的接触）の意味を考察してもらいました。あるグループの夫婦は、お互いの手を握って、夫が妻に「君なら大丈夫」と声をかけました。別のグループの夫婦は、ことばを発することができず、黙ったまま肩を抱いていました。この体験を経て、参加者は、難民にとって家族と別れるとはどういうことかを自分の体験として経験し、そしてそのときに浮かび上がる不安、悲しみ、喜び、期待などのさまざまな感情に触れました。

　続いて、4番目に、松尾さんと前田さんが「権利の風船」の活動を実施しました。日本在住の難民にとって重要だと思われる5つの権利（家族と一緒に暮らす権利、十分な日本語教育を受ける権利、自由に自分の意見・考えを言う権利、就労する権利、生活に必要な衣食住を持つ権利）を5つの風船（その内の1つは大きい）で表現し、参加者にはその権利がどれだけ充足しているかを風船に入っている空気の量で表現してもらいました。とくに大切だと思われる権利については、一番大きな風船を使用して表してもらいました。例えば、あるグループは、一番大切な権利に日本語教育を選択しました。しかし、このグループにいた難民Aさんは、日本語を全く学ぶ機会がなかったという理由から、その空気の量は0パーセントでした。

　最後に、再度、わたしが、チョウチョウソーさんに行ったインタビューに基づいて作成した脚本をもとに、一般的には公開されていない難民審査の場面を再現し、演劇ワークショップを行いました。ティーチャー・イン・ロールを使用して人見さんとわたしが入国審査官を、参加者が難民を演じました。わたしたち2人はやや高圧的な態度で、参加者に「どうして日本へ逃げてきたのか」「日本で政治活動をしているのか」「日本で仕事をしているのか」などの質問を問いかけました。それに対して、参加者は、どのように答えれば在留資格を得ることにつながるのかを考えながら即興で答えました。活動後、参加者からは「何を答えたら不利になってしまうのかわからず不安だった。日本に来てから政治活動をしていたことなどもアピールしたほうがいいのかわからなかった」「演技なのにすごくストレスを受けた」などの意見が述べられました。このように、本活動では、入国審査官役のわたしたちがあえて高圧的態度をとってみせることで、そして難民役の参加者を自分の回答次第でその後の自分の人生（生死）が決定してしまうような緊張感あふれる場に

置くことで、難民が抱える不安や重圧をより強く感じてもらいました。

　難民が経験してきた家族との別れや彼／彼女たちが抱える不安や重圧は、生命の危機に脅かされることなく生活を送っている国内の多くの日本人にとっては理解しがたいものです。しかし、本演劇ワークショップでは、自分を保留し、「難民になる」ことを通して、参加者に難民の過酷な体験や感情に触れ、難民に対する理解を深めてもらいました。

4　多文化共生の問題を具現化する

　翌年の 2017 年 8 月、松尾さん、前田さん、そして本書の執筆者である山田泉さん、加藤丈太郎さん、田中宝紀さん、わたしは再び開発教育協会の第35 回全国研究集会に参加し、分科会「『多文化共生』と日本語教育〜批判的視点から考える〜」を実施しました（松尾・前田, 2017）。参加者には、山田さん、加藤さん、田中さんの語りを聞いてもらいながら、演劇を交えつつ、日本語教育が多文化共生社会の実現に本当に貢献できているのかを検討してもらいました。

　最初に、参加者は、3 名のゲストの語りに耳を傾けました。山田さんは、日本の多文化共生が「海外にルーツを持つ人々の日本への同化」（同化的多文化共生）を意味するようになっていると指摘しました。そして、その語りの内容を受けて、加藤さんが日本に定住している日本で生まれた非正規滞在外国人の子どもの「帰れる場所」とはどこかという話を、田中さんが、日本に同化された存在としての在日の話をしました。そして、その後、わたしのファシリテーションのもと、参加者は、ゲストの語りの内容を参考にしながら自分の多文化共生の体験を劇化しました。前回と異なり、わたしは、この活動で演劇ワークショップを導入する理由を次のように説明しました。

　　本活動の後半で演劇を取り入れる理由は、ゲストの語りの内容を参
　　加者の日本語教育や多文化共生の経験と結びつけて考えてもらうた
　　めである。身体や道具を使用して詳しくその経験を再現していくこ
　　とによって、演者と観客の両者がその経験の中の具体的な問題の発

120　　第 3 部　1 章　多文化共生と演劇ワークショップ

見と深い理解——知的、感情的、身体的理解（岡田, 1985）を得ることを目指す。演劇では、場面を再現していく過程でことばによる説明では見落とされていた人々の感情や葛藤や判断や行動、さらには場の緊張というものが浮かび上ってくる。そこに真の理解に至るための手がかりがある。

　はじめに、各グループの参加者は、1人ずつゲストの語りの中で気になった部分を、付箋を活用しながら抽出しました。次に、付箋が多く集まっている話題を中心にしながら、各参加者が、その話題と関連する経験を語りました。そして、グループの参加者と一緒に考えてみたいと思う、とくに印象に残った物語（経験）を1つ選択し、グループ全員でその物語の一部を劇として再現しました。

　あるグループは、中学校に通っているが、ほぼ不登校の在日中国人女子生徒の家庭に、その生徒の担任教師が家庭訪問にやってくるところを劇にして発表しました。その生徒は、日本語は話せますが、中国語をあまり話すことができません。母親は、日本語を話すことができません。教師は、中国語を話すことができません。そのような状況の中で、教師は母親に日本語で何とかその生徒の状況を説明しようとし、娘は、母への通訳を試みます。途中、教師が5点と書かれた娘のテストの結果を見せると、母親は、娘に中国語で何かをまくしたてます。結局、三者は最後までお互いが伝えたいことを理解し合うことができないまま、訪問は終わりを迎えます。

　発表後、他のグループの参加者からは「担任の先生の問題にすると個々の能力に頼らざるを得ない。学校はどの先生のもとに外国人児童がいても同じ対応をすることができる体制を作る必要があるのではないか」「日本人は海外に憧れているにも関わらず、実際に海外にルーツを持つ人々が現れると攻撃する」などの意見が出ました。

　このようにして、本活動の参加者は、自分の体を使用して、あるいは他のグループの劇を観ることを通して多文化共生の問題を具体的に確認していきました。そして、発表後にその内容に関する感想を述べたり、議論をすることで、その問題についてよりいっそう深く理解することを試みました。

この他、学校に日本語を話すことができないフィリピン人の少年が転校してきたときのことを劇にしたグループがありました。教室で日本人の男子生徒たちが、フィリピン人の転校生に「死ね」ということばを教えています。わたしはこの劇については問題の理解を深めるだけでは不十分と判断し、フォーラム・シアターの考えに基づく演劇活動を付け加えました。参加者に「もしあなたがこの場にいたならば、どのような行動を選択しますか」と問いかけ、有志にその場面に介入してもらいました。ある有志は、担任に相談してその問題の解決を試みましたが、うまくいきませんでした。では、どうすればよかったのでしょうか。参加者は、正解を発見するというよりも、より深く考えるためのモヤモヤを抱えて活動を終了しました。

　多文化共生を学ぶための資料は書籍や映画など数多くありますが、手軽に手に取ることができる資料の多くは、メディアの性質もあり、「よくまとめられた知識」として提供されます。しかし、わたしは、多文化共生の問題の理解を深めるにあたり、学習者がそのようなよくまとめられた知識を獲得するだけでは不十分ではないだろうかと疑問に感じています。とくに、人間の内面を扱う場合には注意が必要です。人間の感情や思考は繊細で複雑ですが、よくまとめられた知識は、そのような感情や思考の繊細さや複雑さを単純化してしまう傾向があります。したがって、本演劇ワークショップでは、わたしは参加者に、書籍などの使用に比べて遠回りではありますが、劇化を通して海外にルーツを持つ人々や彼／彼女たちと活動する日本人の繊細かつ複雑な感情や思考に触れてもらい、より確かな理解へと近づくことを望みました。

5　新しい文化や社会を形づくる

　本節では、わたしがニーランズの「アンサンブルに基づくドラマ」の理論に基づいて実施した２つの演劇ワークショップを紹介します。そのどちらもが本書の第１部で紹介があった対等的多文化共生の考え方を前提とし、「新しい文化の形」や「新しい社会のあり方」の創造を試みるものです。そして、それらは、近年の多文化共生の文脈で言えば、多文化社会で「ともに生きる」を越えて、多文化社会を「ともに創ろう」と提案する「多文化共創社会」（小

泉・川村, 2016) という考え方と類似する考え方を有しています。ただし、その2つの演劇ワークショップの違いは、1つ目の演劇ワークショップが異なる複数の文化の間の差異に着目し、その差異を生かしつつ、複数の文化を融合して新しい文化や社会を形づくっているのに対し、2つ目の演劇ワークショップは、複数の異なる文化の間に存在する共通点に着目し、一度、各文化をバラバラに解体した上で、その共通点のもとに再構築し、新しい文化や社会を創出しています。

5.1　違いを生かす

2013年の冬から1年半ほどの間、わたしは国際交流基金ロンドン日本文化センターの福島青史さん（現・早稲田大学教授）と一緒に、実際にロンドンのプライマリー・スクール（日本の小学校に相当）を訪問しながら、4年生（8〜9歳）のための演劇を導入した日本語教育の教材を作成しました (Fukushima & Hida, 2014)。教材の作成にあたっては、欧州評議会の複言語教育政策 (Council of Europe, 2001, 2014) を参考とし、イギリスにおいて日本語は第二言語ではなく外国語である、つまりイギリスの生徒が日常生活の中で日本語を使用することはほとんどないという観点から、複言語・複文化能力の中でもとくに異文化間能力（脱自文化中心化、他）の育成をめざしました。

教材には、浜田廣介 (2013) の『泣いた赤おに』を使用しました。その理由は、この物語が自己犠牲の要素を含みつつ、「善意に基づく友情」という日本の独特な友情のモデルを提示しているからです。それは、シチズンシップ教育の導入以来強調されている対等（民主主義）を前提とするイギリスの友情のモデルとは異なるものです。そこで、わたしたちは、ロンドンの生徒たちにこの特徴ある日本の友情のモデルを紹介し、彼／彼女たちがこの友情のモデルに理解を示すのか示さないのか、示すとしたらどのような理解を示すのかを探りました。

第1回目の授業で、わたしたちは、いくつかの鬼が登場する日本の童話を紹介するとともに、英語で『泣いた赤おに』の物語の読み聞かせを行いました。第2回目の授業では、生徒と物語のテーマが「友情」であることを確認

第3部　1章　多文化共生と演劇ワークショップ　123

し、彼／彼女たちが知っている友情の形を身体で表現してもらいました。「肩を組む」「同じポーズをとる」「友だちのために仕返しする」などの表現が提示されました。3回目の授業では、日本語の指示語「こっちきて」「赤鬼やりたい人？」などを指導し、その指示語を使用しながら全員で即興で物語全編を演じ、物語の世界を体験しました。第4回目の授業では、日本語の質問「どうしたの？」と感情表現「悲しい」「悔しい」などを指導し、生徒にはその質問と感情表現のことばを使用してもらいながら、グループで「落ち込んでいる赤鬼のもとに青鬼がやってくる場面」※3を劇化してもらいました。その際、生徒に「もし自分が赤鬼や青鬼だったらどのようにそのことばを使用する（身体で表現する）か」を考えるように指示するとともに、劇化を通して赤鬼が落ち込んでいる理由や青鬼が赤鬼のことを助けようと思った動機を探ってもらいました。第5回目の授業では、「村で暴れる青鬼を赤鬼が止める場面」を劇化し、生徒に赤鬼、青鬼、村人の各登場人物がその場面でどんなことを考えているのかを探ってもらいました。そして最後の第6回目の授業では、自分の考えを述べる日本語「好き」「嫌い」などを指導し、各生徒に赤鬼のやや受け身な態度や青鬼の過剰な奉仕についてどのように考えているかを述べてもらいました。

　ここで取り上げたいのが、第4回目の授業です。生徒は2人組を作り、青鬼役の生徒が赤鬼役の生徒に「どうしたの？」と声をかけます。赤鬼役の生徒は、もし自分が赤鬼だったら学習した感情表現のことばの中のどれを選択するか、そしてそのことばをどのように使用するかを考えながら返事をします。例えば、ある2人組の場合、青鬼役の生徒は、座ってうつむいている赤鬼役の生徒の横に腰を下ろし、赤鬼役の生徒の肩に手を置いてその顔をのぞきながら「どうしたの？」と声をかけ、赤鬼役の生徒も、その青鬼役の生徒の目を見て「悲しい」と述べました。この活動で、わたしは生徒に赤鬼や

※3　村人と友だちになりたいと思っている赤鬼がお茶やお菓子を用意し、家の前に案内の看板を立てて村人を待っている。ところが、村人は、看板を見て赤鬼が何か企んでいるのではないかと疑う。赤鬼が家から出てくると、村人は恐れて一目散に逃げていく。赤鬼は、すっかり落ち込んでしまう。そんな赤鬼のもとに友だちの青鬼がやってきて、赤鬼に「どうしたんだい」と質問する。

青鬼の立場に立ってことばを使用するよう指示しましたが、ことばや動きそのものには制限を設けず、自由に演じてもらいました。その結果、ある別の2人組の順番がやってきたときに、驚くべきことが起こりました。移民の男子生徒とイギリス人の白人の女子生徒から成る2人組で、青鬼役の男子生徒がラップ音楽をやる人たちが見せる独特な手の形「アイ・ラブ・ユー・サイン（ILYサイン）」と動きをしながら赤鬼役の女子生徒に近づき、ラップ調で「ヨー、ヨー、ヨー、どうしたの？」と声をかけました。

　ある人物のことを正しく理解するために、その人物の言語や文化を正しく学習することは重要です。この場合、この男子生徒が日本のことばを正確に再現せず、自分の文化のことばや身体表現に引き寄せたことは問題だと言えるでしょう。しかし、その正確さへの追求がわたしたちの視野を狭くし、希望や未来の創造を阻むこともあるのではないでしょうか。本授業でわたしが目撃したものは、日本のことばが、その学生の文化のことばや身体表現と融合した姿でした。とくに、わたしは、彼が「どうしたの？」という他者を心配する日本語のことばを、相手を愛することを表現するILYサインと結びつけた発想力の豊かさに新しい世界の可能性を感じました。

　このように、わたしたちは、演劇活動を通して2つの文化の長所を生かした新しい日本語のことばの表現に遭遇しました。この演劇活動のポイントは、教師が日本語教育の授業だからといって、日本語以外のことばや和物の所作以外の動きを持ち込んではいけないといった常識にとらわれなかったことです。日本語のことばを出発点としつつ、生徒たちがなんでも自由に持ち込むことができる場を用意したことが、新しい日本語のことばの表現の創造へとつながりました。問題は、子どもはそのような新しいことばの表現を違和感なくすぐに受け入れるでしょうが、既存の見解や価値観に縛られている大人のわたしたちが、その新しいことばの表現と出会ったときにそれを前向きに受け入れることができるかどうかではないでしょうか。

5.2　共通点を生かす

　2012年7～8月、沖縄で児童青少年演劇の国際フェスティバル「キジムナー・フェスタ」（現・りっかりっかフェスタ）が開催され、その中で「ネク

スト・ジェネレーション」※4 と称する 10 日間のレジデンシー・プログラム（滞在型研修・創作活動プログラム）が実施されました（飛田, 2013）。児童青少年演劇の分野で活躍する 14 カ国 22 人の若手芸術家が招待され、一緒に観劇したり、セミナーに参加したり、演劇作品を創作しました。わたしは、プロジェクト・マネージャーおよび参加者としてこのレジデンシー・プログラムに関わりました。ここでは、その劇の創作の話を紹介します。

　本プログラムの開催にあたり、キジムナー・フェスタのディレクターの下山久さんは、参加者に同フェスタのテーマを反映させた「命薬（ヌチグスイ）」という題名の劇を創り、発表するよう求めました。そこで、わたしは、他のコーディネーターたちとともにどのように劇を創作していくのかを相談し、前年に東日本大震災があったことを踏まえ、災害に関する物語を扱うことに決めました。また、せっかく世界各国から才能ある若手芸術家たちが集合するのだから、その創作過程においては「グローバル・コミュニティの創造」をテーマとして設定し、「全員が演出家として、そして全員がパフォーマーとして作品に関わっていく」という原則のもとで作品を創造してはどうかと参加者に提案しました。

　稽古では、最初に、各参加者が、事前に準備をした自国の災害に関する物語を紹介しました。ある台湾からの参加者は、921 大地震に巻き込まれた祖父の話をしてくれました。地震後、彼女の家族は祖父に対し、すでに崩壊してしまっている町から離れるよう説得を試みたそうです。ところが、彼女の祖父は、自分の生まれ育った町から離れるのをかたくなに拒否したとのことでした。また、オーストラリア人の参加者は、ビクトリア州森林火災について言及し、自分がこれまで生活してきた土地や思い出の品物、そして家族のすべてを失ってしまったために、自分が誰なのかわからなくなってしまった女性について語ってくれました。各参加者の物語の紹介が終わった後、わたしたちは、それらの物語に共通するキーワードを抽出しました。日常、非日常、困惑、恐れ、沈黙、否定、闇（絶望）、触れ合い（希望）といったキーワード

※4　ネクスト・ジェネレーションは、アシテジ（国際児童青少年舞台芸術協会）がアシテジ世界大会（3 年に 1 回開催される児童青少年演劇の国際フェスティバル）などで若手芸術家の交流と育成を目的として行っているインターナショナル・レジデンシープログラムです。

が浮かび上がりました。わたしたちはこれらのキーワードを災害に関わる普遍的なテーマとし、それらを土台にして舞台を創作することにしました。続いて、わたしたちは、テーマ間のつながり（劇の構成）を検討しながら、印象的だった話やテーマを参考にして実演する場面を構築しました。場面の構築にあたっては、アイディアの浮かんだ仲間が、順次、集団を率いて異なる場面を演出していきました。イギリス人の参加者は、他の参加者を不可解な体つきで床に倒れさせ、災害後の荒廃した町の風景を作り上げました。他方、ポーランド人の参加者は、自国の伝統的なかけ声を利用して、災害のまっただなか、声をかけ合い生存を確認する人々の様子を描きました。すべての場面が出揃った後、それらの場面をつなげ、全員で各場面の内容や全体の流れを検討し、1本の劇を完成させました。

　この劇の創造には、2つのポイントがあります。1つは、新しい物語の創出の仕方についてです。わたしたちは「命薬」という沖縄のことばをテーマとする作品を創作するにあたり、沖縄や日本の災害のみならず、世界の災害についての情報や、そうした災害を体験したさまざまな国の人々の声を集めました。そして、そうした情報や声をいったん細かく砕き、もともとは関係の存在しなかったそれらの断片に生命を吹き込み、最終的に1つの物語として再構築しました。そうしてわたしたちは、世界の物語を創作しました。演劇の創作方法に唯一のルールがあるわけではありません。芸術家が伝統的創作方法に敬意を払いつつも固執せず、その時代にふさわしい新しい創作方法を模索するようになれば、新しい文化を創出することが可能となります。

　もう1つのポイントは、若手芸術家の関係の構築の仕方についてです。一般的な劇の創作では1人の演出家が複数の俳優に対してどのように演じるかを指示しますが、本演劇作品の創造において、わたしたちは、誰か1人が作品の芸術性を管理するということを認めませんでした。その代わり、14カ国22人の若手芸術家全員で物語を創り、全員で演出し、全員で演じました（理想としては、この世界のすべての国の芸術家や人々と1本の劇を創ることに挑戦してみるべきでしょう）。つまり、全員で対等に、それでいて責任をもって自分たちの作品（＝自分たちのコミュニティ）を創造しました。現実世界におけるコミュニティの形成も同じではないでしょうか。民主的社会

第3部　1章　多文化共生と演劇ワークショップ　　**127**

（参加型民主主義）においては、異なる人種的、民族的、文化的背景を持つ人々が全員参加のもとで一緒にコミュニティを形成し、管理していくことが理想とされます。演劇は、そのような「全員参加型のコミュニティ形成」の過程を体験してみる機会を提供します。

　本節の冒頭で、現在の日本の多文化共生の文脈において「共創」という考え方が紹介されていると述べましたが、海外にルーツを持つ人々と日本人の両方が対等に責任をもって一緒にそのような文化や社会を「創っていく」ことが大切です。しかし、共創という考え方にまだ慣れていない人も多いのではないでしょうか。そこで、わたしは、「全員参加型のコミュニティ形成」を可能とする演劇への参加を通して、そのような考え方に慣れていってもらいたいと考えています。

6　3種類の演劇ワークショップの位置づけ

　以上、わたしがヒースコートの「理解のためのドラマ」とニーランズの「アンサンブルに基づくドラマ」の理論に基づいて、かつて実施した演劇ワークショップについて述べてきましたが、開発教育協会で実施した1種類目の海外にルーツを持つ人々の立場に立つ演劇ワークショップと、同じく開発教育協会で実施した2種類目の多文化共生の問題を具現化する演劇ワークショップと、イギリスや沖縄で実施した3種類目の新しい文化の形や新しい社会のあり方を形づくる演劇ワークショップは関連しています。

　異文化に属する相手のことを理解することなく、あるいは多文化共生の問題を無視して新しい文化の形や新しい社会のあり方を模索することは現実的ではありません。たとえ演劇を通して新しい文化の形や新しい社会のあり方を発見し、それを現実世界の中で実現するに至ったとしても、それは、国内では弱い立場にある海外にルーツを持つ人々をいっそう社会の周辺へと追いやったり、海外にルーツを持つ人々と日本人との間にさらなる問題を生み出したりするいびつな文化や社会になる可能性があります。したがって、現在、わたしは、海外にルーツを持つ人々の立場に立ってみたり、多文化共生の問題を具現化してみたりする演劇ワークショップを基盤としながら、新しい文

128　第3部　1章　多文化共生と演劇ワークショップ

化の形や新しい社会のあり方を形づくる演劇ワークショップを展開していくのがよいのではないかと考えています。

　その上で、わたし自身は、新しい文化の形や新しい社会のあり方を形づくる演劇ワークショップに力を入れていきたいと考えています。自分たちの文化や社会は、自分たちの手で作っていくことが大切です。現在、公平で豊かな多文化共生を実現すべく、日本各地でさまざまな試みが展開されていますが、まだまだ海外にルーツを持つ人々と（海外にルーツを持つ）日本人の両方がともに自分の持つ可能性を十全に発揮することのできる社会になっているとは言いがたい状況です。そして、そのような海外にルーツを持つ人々と日本人の両方がともに自分の持つ可能性を十全に発揮することが可能な社会というものも、その実例が少なく、いまいちどういうものかが明確ではありません。したがって、わたしは、演劇ワークショップを通してそのような社会のひな形を構築することや、そのような社会を構築していくのに参考となるヒントのようなものを形づくっていくことによって、希望ある多文化共生社会の実現に貢献していきたいと考えています。

参考文献

岡田陽(1985).『ドラマと全人教育』玉川大学出版部.

小泉康一・川村千鶴子(編)(2016).『多文化「共創」社会入門：移民・難民とともに暮らし、互いに学ぶ社会へ』慶應義塾大学出版会.

土井敏邦(2016).『異国に生きる　日本の中のビルマ人』(DVD)太郎次郎社エディタス.

中山夏織(2007).『ドラマ・イン・エデュケーション　ドラマ教育を探る12章』特定非営利活動法人シアタープランニングネットワーク.

浜田廣介(2013).『ないたあかおに』講談社.

飛田勘文(2013).「ネクスト・ジェネレーション・ネットワーク：心の繋がりのあるグローバル・コミュニティーの創造を目指して(特集：沖縄第1回アシテジ世界ミーティング報告)」『児童・青少年演劇ジャーナル げき』(11) , pp.18-22. 晩成書房.

松尾慎・前田朝子(2016).「全国研究集会報告　フィールドワーク　「難民問題」を自分ゴトとして捉える」『開発教育』(63) pp. 115-119.

松尾慎・前田朝子(2017).「全国研究集会報告　分科会1　「多文化共生」と日本語教育

―批判的視点から考える―」『開発教育』(64) pp. 67-71.

ピーター・ブルック(1993).『殻を破る　演劇的探求の40年』(高橋康也・高村忠明・岩崎徹訳). 晶文社.

アウグスト・ボアール(1984).『被抑圧者の演劇』(里見実・佐伯隆幸・三橋修訳). 晶文社.

Council of Europe (2001). *Common European framework of reference for languages: Learning, teaching, assessment.* Strasbourg: Council of Europe.

Council of Europe (2014). *Autobiography of intercultural encounters: Context, concept and theories.* Strasbourg: Council of Europe.

DICE (2008). *The DICE has been cast: Research findings and recommendations on educational theatre and drama.* Drama Improves Lisbon Key Competences in Education.

Fukushima, S., & Hida, N. (2014). Unit 8: Red demon cried. In S. Fukushima (Ed.), *Japanese scheme of work for primary schools: Year 4.* London: Japan Foundation London. http://www.jpf.org.uk/language/jsow.php (2018年10月3日検索)

Heathcote, D. (1984). *Collected writings on education and drama.* Illinois: Northwestern University Press.

Neelands, J. (2009). Acting together: Ensemble as a democratic process in art and life. *Research in drama education: The journal of applied theatre and performance. 14 (2),* pp.173-189.

Office for National Statistics (2018). Table 1.1: Population in the United Kingdom, excluding Some Residents in Communal Establishments, by Country of Birth (January 2017 to December 2017). Population of the UK by Country of Birth and Nationality. https://www.ons.gov.uk/peoplepopulationandcommunity/populationandmigration/internationalmigration/datasets/populationoftheunitedkingdombycountryofbirthandnationality (2018年10月3日検索)

O'Toole, J. (2009). Civil wars. In O'Toole, J., Stinson, M. & Moore, T. (Eds), *Drama and curriculum: A giant at the door.* Springer.

Winston, J. (2002). Points de vue des "grands témoins" - Joe Winston, In Wallon, E. (Ed.), *Théâtre-éducation audelà des frontières.* Lansman. p.103-105.

第3部 2章
演劇ワークショップ「希望のある多文化共生社会を探る」
飛田勘文

1 はじめに

　前章で、わたしが実施してきた3種類の多文化共生をテーマとする演劇ワークショップ（①海外にルーツを持つ人々の立場に立つ演劇ワークショップ、②多文化共生の問題を具現化する演劇ワークショップ、③新しい文化の形や社会のあり方を形づくる演劇ワークショップ）を紹介しました。本書の企画者である松尾さんとは一緒に①と②の演劇ワークショップを実施してきましたが、③の演劇ワークショップには、あまり触れてきませんでした。しかし、わたし自身は①と②よりも③の演劇ワークショップをより重視しています。なぜなら、①と②の演劇ワークショップは、わたしたちが新しい文化や社会を作り出すのに必要な見解や視点を提供してくれますが、実際に新しい文化や社会を作り出すことはしないからです。したがって、本書を出版するにあたり、今回わたしたちは多文化共生に関わるさまざまな人々を招待して、③の演劇ワークショップに関連する「希望のある多文化共生社会」について模索する演劇ワークショップを実施する企画を立てました。

2 本ワークショップの進行

　本演劇ワークショップは、2018年4月21日（土）の朝10時から8時間、ある大学の視聴覚室で実施されました。海外にルーツを持つ高校生、日本の大学で学ぶ留学生、日本語教育や多文化共生について学ぶ大学生や大学院

生、日本語教育や多文化共生の指導を行っている大学教員、国際交流協会の職員、こども文化センターの職員、海外でも活躍している演劇ワークショップのファシリテーターなど、19名が参加しました。

　まず、本演劇ワークショップの概要を説明します。希望ある日本の多文化共生社会について模索するには、参加者の間で現在の国内の多文化共生の何が問題なのかを整理し、共有しておく必要があります。そこで、第1部で、わたしたちは最初に法務省の人権啓発ビデオの中の動画の1つ「ドラマ　家庭・地域で見られる偏見や差別」※1や、藤元明緒さんが監督を務める日本に暮らすミャンマー人の少年に関する映画『僕の帰る場所』の予告編※2などの一般的な資料を視聴しながら、その次に参加者の個人的な経験を用いながら国内の多文化共生の問題点を探りました。途中で、想像力を刺激したり、体をほぐしたり、演劇のルールを覚えたりするエクササイズを入れて劇をするための準備も行いました。続く第2部では、第1部で浮かび上がった多文化共生の問題点を参考にしながら、希望ある多文化共生社会について議論し、劇を創作しました。本稿では、その第2部の内容を取り上げます。

　第2部の活動で、わたしはまず参加者を3つのグループに分け、各グループで「国内に暮らす海外にルーツを持つ人々の希望、そして彼／彼女たちと日本の人々が共有可能な希望とはどういったものか」を議論してもらい、次にその議論をもとにして短編の劇を創作してもらいました。注意点として、参加者には劇の内容が問題解決にならないように依頼しました。問題解決は「問題を抱えている個人や集団がその問題から解放されること」に力点を置いていますが、わたしが模索する必要があると感じている希望は、その先、つまり問題から解放されている状態において、「自分はどのように生きていきたいのか」「自分たちはどのような社会で暮らしていきたいのか」ということに関係しているからです。例えば、ある地域で海外にルーツを持つ人々

※1　人権啓発ビデオ　「外国人と人権　〜違いを認め，共に生きる〜」(2/5)【ドラマ　家庭・地域で見られる偏見や差別】(字幕あり)
　　　https://www.youtube.com/watch?v=quDjCcdLqkw
※2　『僕の帰る場所』予告編｜PASSAGE OF LIFE - TRAILER
　　　https://www.youtube.com/watch?v=jFSCK6TzizQ

に対する差別が発生している場合に、その差別がなくなれば、彼／彼女たちとの共生が達成されたと言えるのでしょうか。けっして、そうではありません。その後に、彼／彼女たちとどのような地域社会を作っていくことが望ましいかを彼／彼女たちとともに議論し、実現していく必要があります。同時に、わたしは、参加者に希望が楽観的なものにならないようにともお願いしました。楽観的希望は、目前の多文化共生の問題を無視している可能性があり、現実的ではありません。参加者には、多文化共生の問題を踏まえた上で形づくられる「批判的希望」（フレイレ、2001）を探求してもらいました。

3 劇の内容

　第2部の活動では、3つの劇が完成しました。今回、わたしは参加者に、未来や希望という漠然としたものを劇にすることを依頼し、その結果として、抽象的なイメージに基づく「1つの可能性の劇」と「2つの希望の劇」が創作されました。これらの劇に描かれている可能性と希望が概念的で、やや机上の空論になっている感じも否めません。しかし、わたしは、希望ある多文化共生社会の基本的な枠組み、もしくはコンセンサスのようなものは示されたのではないかと考えています。本節では、その可能性や概念的な希望からわたしたちが何を学ぶことができるのかを探ります。

3.1　可能性の劇

　1つ目のグループは、多文化共生社会の希望を追求する議論の中で自分たちが「多文化」と呼んでいるものに違和感を覚え、まだその先があるのではないかと可能性の劇を創作し、発表しました。その劇の題名は「多文化人生ゲーム」で、「学校」「就職」「結婚」という3つのテーマのもと、各々①多文化じゃないコース、②多文化コース、③ハイパー多文化コースという3つのコースの物語、つまり合計9つの物語の劇を創作しました。その内容は、以下の通りです。

第3部　2章　演劇ワークショップ

・学校

多文化じゃないコース：

級友ＡとＢが主人公に、授業参観のときに主人公の親が他の国の言語を話していたことを質問する。主人公は戸惑いながら「色々とある」と返事する。すると、Ａが「日本人じゃないのか」と、Ｂが「おかしい」と言う。主人公が顔を下げて２人の前から去る。

多文化コース：

級友ＡとＢが主人公に、授業参観のときに主人公の親が他の国の言語を話していたことを質問する。主人公が自分の親が中国人であることを明かす。Ａはすごいと驚きながら前向きにその事実を受け入れる。続けて、ＡとＢが主人公の故郷はどこかなどと質問し、３人の会話が弾んでいく。

ハイパー多文化コース：

級友ＡとＢが主人公に、授業参観のときに主人公の親が他の国の言語を話していたことを質問する。主人公が自分はペルー人であると明かす。それを聞いて、Ａは自分の母親がマレーシア人であることを、Ｂも自分の母親が中国人であることを明かす。主人公が「我々はみんな宇宙人だ」[※3]と言い、全員で握手する。

学校(多文化コース)の劇の発表の様子

※3　本演劇ワークショップは、劇という虚構の枠組みを活用しつつも、現実社会を扱ったものです。したがって、筆者は本演劇ワークショップを実施するにあたり、活動前に参加者に現実社会に基づいて劇を創るよう指示しており、基本的には「宇宙人」のような想像上の生き物を登場させることを避けるよう伝えています。ただし、ここでは、参加者は、宇宙人を架空のものとしてではなく、将来、地球の人々は他の星に移り住むかもしれないといった可能性を前提としてリアルなものとして扱っています。

・就職 (就職面接)

多文化じゃないコース：

　面接官 A と B が主人公に国籍を質問する。主人公が「ブラジル」と答える。すると、面接官 B が驚く。その反応に戸惑った主人公が「日本にずっといたから大丈夫です」と補足する。しかし、B が「日本人じゃないですよね」と確認し、主人公がことばに詰まる。そして、A が自分のところでは外国人を雇用していないことを伝える。主人公が申し訳なさそうに「ごめんなさい」と言って去る。

多文化コース：

　面接官 A と B が主人公に国籍を質問する。主人公が「中国」と答える。A が、現在自分たちの会社がグローバルな展開を考えていることを話す。B も主人公に好意的な反応を示す。A が日本語もできるかを確認し、主人公が「はい」と答える。A が「ぜひ、うちの会社に来てください」と言い、採用が決定する。

ハイパー多文化コース：

　面接官 A と B が主人公に国籍を質問する。主人公が「ペルー」と答える。A が会社に入って何をしたいかを質問し、主人公が「宇宙経営」と述べる。B が「いいじゃないですか」と言い、A も「これからはね、グローバルどころじゃないですよね。ぜひやってもらいましょう」と答え、採用が決定する。

就職（多文化じゃないコース）の劇の発表の様子

・結婚

多文化じゃないコース：

　主人公とそのパートナーが、主人公の家族に結婚の許可をもらいに行く。ところが、主人公の父親が「でもねえ、中国の方でしょう？」と渋る。母親が「諦めてもらいましょうか」と述べ、結婚の話が流れる。

多文化コース：

　主人公とそのパートナーが、主人公の家族に結婚の許可をもらいに行く。主人公の母親が「いいんじゃない」と許可する。父親も「これから国際化の時代だからね」と認める。

ハイパー多文化コース：

　主人公とそのパートナーが、主人公の家族に結婚の許可をもらいに行く。パートナーが「わたし、宇宙人」と自己紹介する。父親１が「もちろん」と述べ、父親２が「わたし、ゲイだし」と言う。全員が「よろしくお願いします」と挨拶を交わす。さらに、父親２が「みんなで新婚旅行は宇宙に行こう」と付け加える。

結婚（ハイパー多文化コース）の劇の発表の様子

　他の参加者たちは、このグループが提示した「多文化」を超えた「ハイパー多文化」という発想にたいへん驚いていました。そして、発表後には、演者と他の参加者たち（観客）の間で主にハイパー多文化に関する意見が交わされました。

・ハイパー多文化

―人間社会のごちゃごちゃを超えている。（観客）

―ハイパー多文化という社会を自分たちで作っていくのか、そういう社会が作られて自分たちがそこに従属していくのか。（観客）

―多文化コースはこれからこうなっていきたいという感じがしたが、ハイパーは、すでに受け入れる側にも（ハイパー）多文化に対する理解があり、自ら積極的に向かっていっている感じがした。（観客）

―どうしたらハイパーなのかは疑問の余地がある。（演者）

―よい悪いを超越している。（演者）

―よく現実を見てと言うけれども、ハイパー多文化ぐらいで考えないと状況は変わらないという側面もあるのかなと感じた。（演者）

―ハイパー多文化の劇を作っている最中、自分たちの中からエネルギーが出ていることを感じた。（演者）

―個人の背景がたくさんある。1つの人種や文化などに限定されない。（演者）

―宇宙人という表現の中に地球人は入っているのか。地球人を入れていない宇宙人なのか。もし入れてなければ、それは、日本人と外国人と分けて言っているのに近いと感じた。（観客）

―宇宙全体を自分のアイデンティティとする。（演者）

―直感的には理解できるが、それが理想かといえば疑問。（観客）

　参加者からさまざまな意見が出てきましたが、この劇に描かれている可能性とは、つまりどういうものでしょうか。劇の内容を踏まえつつ、参加者から出た意見をつなぎ合わせてみます。

　　ハイパー多文化社会では、多様な文化的背景を持つ人々が暮らしている。日本人の定義は拡大しており、国内に海外にルーツを持つ日本人も多く在住している。日本人の間に多様性に対する理解が深まっており、海外にルーツを持つ日本人の存在が当たり前になっているため、海外にルーツを持つ人々や児童は、学校、職場、結婚などで否定されることなく、問題なく受け入れられる。また、海外に

ルーツをもつ人々も、日本人も、受け身ではなく、積極的に自分の人生や自分たちの社会を創造しながら生活している。彼ら／彼女らは、地球市民というアイデンティティを超えて、宇宙規模のアイデンティティを有している。そして、その価値観は、従来の（日本人の）よい悪いを超越している。

　わたしは、この劇が日本の未来の多文化共生についての1つの可能性を提示したのではないかと考えています。つまり、現在、わたしたちは「日本と海外」、あるいは「日本人と海外にルーツを持つ人々」という枠組みで（平等的）多文化共生の議論を展開しています。しかし、ハイパー多文化コースの3つの劇は、国内において海外にルーツを持つ親を持つ日本人児童が同じく海外にルーツを持つ外国人児童と友だちになる可能性があること、またグローバルな展開をしている日本（地球）の会社がその他の星の会社と取引したり、グローバルを超えた仕事をしたりする可能性があること、さらには「海外にルーツを持つ人と日本人」という人種に加え、性別を超えた結婚が行われたり、多様な背景を持つ日本人（地球人）が他の星の人間（宇宙人）と結婚したりする可能性があることを示唆し、実際には多文化共生が日本人対海外にルーツを持つ人々という枠組みを超えてもっと複雑であることを論じています。

　さすがに、わたしは、日本の会社が他の星の会社と取引したり、日本人と他の星の人間の間で結婚が行われたりするというのは空想科学小説のようで今は信じることができません。しかし、海外にルーツを持つ親を持つ日本人児童が同じく海外にルーツを持つ児童と友だちになるというのは、すでに日本の中で生じている出来事です。人種に加えて性別を超えた結婚というのも、欧米ではすでに起きています。

　本書の第1部で「対等的多文化共生」という用語の紹介がありましたが、このように、この劇は、現在の対等的多文化共生の概念が不十分である可能性があること、そして、将来的には、現在の対等的多文化共生の概念を超えた新しい対等的多文化共生について検討し、多文化共生を再定義していく必要があることを示してくれました。

138　第3部　2章　演劇ワークショップ

3.2　2つの希望の劇

次に、2つ目と3つ目のグループの劇について検討します。2つ目と3つ目のグループの劇が類似しているため、ここでは、その2つのグループの劇を続けて解説します。

2つ目のグループは、その議論の中で主に社会の中の「ルール」や「常識」に着目し、それらをテーマとする劇を発表してくれました。その内容は、以下の通りです。

第1の場面：

登場人物Aが、一定の速さのリズムを刻みながら太鼓を叩いている。BとCが床に糸を置き、3～4人の人間が入ることが可能なくらいの大きさの長方形の枠を形成する。登場人物Dが、その長方形の中央に小さくなって座る。BとCが糸の上を同じ方向（左回り）を向いて歩きはじめる。しばらくして、Dが立ち上がり、糸の上を歩き出す。はじめは糸の上の歩き方がわからずヨタヨタしながら、やがてしっかりと歩くようになる（つまり、既存のルールや常識を獲得する）。次に、長方形の糸の枠の外から外部の人間Eがやってくる。そして、糸の上をB、C、Dとは逆の方向（右回り）で歩きはじめる。しかし、前方からやって来たB、続いてDに外側へと突き飛ばされる。同様に、長方形の糸の枠の外から、外部の人間Fがやってくる。糸の上を歩くことを試みるが、BとCに追い出されてしまい、どうしたものかと頭をかかえて悩む。Fはポケットから楽器（鎖）を取り出し、その楽器で太鼓とは異なる一定のリズムを奏でつつ、再度、長方形に近づく。前方から歩いてきたDに、そのリズムを教えつつ鎖を渡す。Dは、その鎖を受け取り、Fが奏でていたリズムを再現しながら糸の上を歩く。しばらくして、Dは演奏を止め、周囲に声をかけ、糸の解体を試みはじめる（つまり、外部の人間と内部の人間の接触が、内部に影響を与えはじめる）。それを目撃したBとCが慌ててDを止めに入る（つまり、内部で対立が生じ

劇（第1場面）の発表の様子

る)。太鼓の音が止み、太鼓が舞台中央に置かれる。糸が取り払われる。全員が大きく深呼吸をする。

第2の場面：
　全員が何もなくなった空間を自由に歩き回る。一部の人々の間でけんかが発生する。Cがそのけんかを眺める。けんかをしていた人の中から倒れる人や逃げる人などが現れる。やがて、Cを除く全員が他の人から距離をとり、異なる場所で顔を下に向けて小さく座る。内部の人間、外部の人間に関係なく、お互いの間につながりがなくなる。Cが、不安そうに周りを見渡す。

劇（第2場面）の発表の様子

第3の場面：
　Cが、再び糸を取り出す。みんなに声をかけ、全員で円を描きながら糸を床に置く。同時に、色々な色の道具を持ち込み、さまざまな場所に設置する。他にも色々な楽器を持ち込み、さまざまなリズムを奏でる。個々に異なるリズムを刻んでいるが、全員でまとまった1つの音楽が奏でられている。「よーお」という掛け声で動きを止め、ポーズをとる。

劇（第3場面）の発表の様子

　発表後、参加者たちからは、各場面について次のような意見が出ました。

第 1 の場面について

―長方形の枠は、既得権益を得ている人のルールや常識を示している。(観客)

―そのルールや常識を破ると排除される。(観客)

―既得権益を得ている人は、その枠をなくすことを拒む。(観客)

―新しい人が入ろうとすることで、そのルールや常識を維持することが難しくなる。(観客)

―ルールや常識を守ろうとする人と、取り払えばいいじゃないかと言う人の間でもめる。(演者)

第 2 の場面について

―自由が描かれている。(観客)

―ここで描かれている自由には 2 つの意味がある。1 つは、前のルールや常識の消失、もう 1 つは、自由な空間の創造。(観客)

―稽古時、最初は自由になればいいのではないかという議論があったが、次第に、やはり仕組みがないと奪い合いになったり、逆にわたしのものだと主張したりするようになったり、やはり違うんじゃないかという意見が出てきた。(演者)

―自由や解放は、「幸せ」と同義語ではない。むしろ不安な状況を生み出す。(演者)

第 3 の場面について

―新しいルールや常識が形成された場面。(観客)

―色々な音は個性を表している。(観客)

―個性を否定せず、色々なもの(ことば)をつなぎ合わせる。ことばが楽しくなる。(演者)

―四角でも丸でもなく、いびつだけれどもみんなで作った枠(ルールや常識)である。(観客)

―新しい枠を作るのはしんどく、重労働である。でも楽しい。楽しいから重労働に耐えられる。(演者)

―最後の瞬間で一瞬止まる。これは、演じきれてないが、この枠が常に変化

第 3 部　2 章　演劇ワークショップ　　**141**

しつづけるものであることを示している。最後の場面は、1つの通過地点にすぎない。（演者）

―ある一瞬できたと思うが、その新しいルールや常識に安心していると、どこからか崩れたり腐敗したりしていく。だから、その度に考える必要がある。（演者）

―この新しい枠では、困っているときに他の人が助けてくれる。（演者）

その他

―今の日本の現状は、第1場面と第2場面の間。ルールや常識を守ろうとする人と、取り払えばいいじゃないかと言う人の間の緊張感が最大になりつつある。（演者）

―こういう理想の社会が現在この世界のどこかにあるかと言われれば、わからないけど、例えば音楽とかで色々な（国の）人が一緒に歌っている場面が思い出される。（演者）

―現在、こういう理想の社会が持続して存在しているかはわからないが、瞬間的には存在しているのではないだろうか。（演者）

この劇に描かれている希望とは、つまりどういうものでしょうか。1つ目のグループの劇と同様に、劇の内容を踏まえつつ、参加者から出た意見をつなぎ合わせてみます。

（日本）社会に存在している既存のルールや常識は、そのルールや常識にしたがわない海外にルーツを持つ人々（や他の人々）を排除する。そこで、そのようなルールや常識を、一度、解体する必要がある。しかし、完全な自由のもとでは人々の間に争いが起こる。そうした中で、ある人物がみんなに声を掛けはじめる（この人物は、あとの3つ目のグループの劇に登場する「最初に呼びかける人」に相当する人物と考えられる）。その結果、海外にルーツを持つ人々を含むそのコミュニティの住人やそのコミュニティに関わる人全員が、各個人が持っている特異性（個性）を尊重しつつ、なおかつこ

142　第3部　2章　演劇ワークショップ

とばや文化など色々なものを持ち込みながら新しいルールや常識を生み出していく。その新しいルールや常識のもとでは、相手が海外にルーツを持つ人々だろうと、日本人だろうと、関係なく助け合いが起こる。つまり、困っている海外にルーツがある人々がいた場合に、日本人は、当たり前のこととして彼／彼女らを助けるし、海外にルーツを持つ人々も日本人を助ける。そんなお互いに優しいルールや常識である。そして、この新しいルールや常識は、新しい人々がそのコミュニティに入るたびに、再構築される。それは重労働だが、そのルールや常識は、自分たちを排除するものはないので同時に楽しいものでもある。

続けて、3つ目のグループの劇の内容を見てみます。このグループは、社会の仕組みというよりも、主に個人の中に、あるいは人々の間に存在する「ボーダー（境界線）」をテーマとする劇を発表してくれました。その内容は、以下の通りです。

第1の場面：
　床に色々な色の糸が絡まって落ちている。登場人物 A、B、C、D、E、F が、イライラしながら動き回っている。他の登場人物にぶつかると、「邪魔」といら立った声をあげる。そのうちに、登場人物が、1人ずつ「独身で何が悪い」「20代後半だから仕事しろとか社会人になれとか何なんだ」「ハーフはみんな目が青いわけじゃない」「何で外国人だからって英語をしゃべらなければならないの？」などと不満を言いはじめる。言いおわると、全員で「もうみんな邪魔だよ」と述べ、他の人と目が合わないように体を外側に向けたり、床に倒れたりしながら動きを止める。

劇（第1場面）の発表の様子

第 2 の場面：
　床に倒れている登場人物 A が動き出す。A は手に糸を取り、絡まった糸を解きはじめる。間もなく、A が近くにいる B と C に「一緒にやろう」と声をかけ、一緒に糸を解く。D、E、F がそれに気づき、糸をほどくのを手伝いはじめる。そうしているうちに、登場人物たちの間に挨拶が生まれる。D が塊になっている糸を拾い上げ、「これ、いらない」と遠くに投げ捨てる。全員が向き合って円になり、笑顔かつリラックスした様子で大きく息を吐く。

劇（第 2 場面）の発表の様子

発表後に出た意見は、次の通りです。

第 1 の場面について

―ボーダーは、国境を表しているのではないか。（演者）
―ボーダーは、人々が、仕事など、色々なことに縛られている様子を描いている。それは、人の心を縛りつけ、抑圧となっている。（演者）
―糸の絡みは、感情がもつれている様子を示している。（観客）
―ボーダーは個々の人を縛り、周りを見えなくしてしまう。他者を受け入れることができない。心の余裕がない。（演者）
―ボーダーに縛られている状態というのは、みんなイライラ、もやもやしている。（演者）

第 2 の場面について

—人々は抑圧されているのは自分だけではないことに気づき、一緒に考えていこうとする。（観客）

—周りの人の顔が見えてくる。見えてくるから、他の人とつながりを持つことが可能となる。（演者）

—手を差し伸べることができる。一緒に相談しながら考えていく。一緒に心を解いていく。（演者）

—当事者（の対話）によるボーダーの再構築が行われている。（演者）

—最初に呼びかける人である A が鍵ではないか。（観客）

　▶最初に呼びかける人は、当事者ではないか。寂しい人。結局、1 人で生きていけないと思ってパッと見たときに、気づきというようなものが落ちている。（演者）

　▶最初に呼びかける人は、周囲の人ではないか。子どもなど属性にとらわれてない人、他人のことが気になるおばちゃん、問題意識を持って行動する人。（観客）

　▶ふとこれが目に入った人ではないか。ふと目に入って解けはじめる。（演者）

　▶たとえ問題に気づいても行動に移せない人がいるので、問題に気づいて本当にどうにかしたいと思った人ではないか。（観客）

　▶最初に呼びかける人の国籍は関係ない。外国の人かもしれないし、日本人かもしれないし、誰か問題や違和感に気づいたはじめの人。（演者）

　▶最初に呼びかける人は、この演劇ワークショップに参加している人ではないか。（観客）

—既存のボーダーを崩すには、1 人では不可能。束になる（仲間を集める）ことができるかどうか。（演者）

—自分のボーダー、相手のボーダーの理解が必要。それには、コミュニケーションが必要である。（演者）

—絡んだ糸は相変わらず、足元に残っている。つまり、問題は依然として足元に残っている。しかし、絡みが人を惹きつける。また、寄り添うこともある。（演者）

3つ目のグループの劇の希望とは、つまりどういうものでしょうか。他の
グループの劇と同様に、劇の内容を踏まえつつ、参加者から出た意見をつな
ぎ合わせてみます。

　　現在の（日本の）社会の中には、「～でなければならない」といった
　特定の価値観が推進されることなどで形成されるさまざまなボー
　ダーが存在している。そのボーダーは、海外にルーツを持つ人々を
　含め、人々を物理的に分断し、同時に縛りつける。さらには、精神
　的にも縛りつけ、抑圧する。その結果、人々はイライラする。周り
　の人々のことが見えなくなり、他者を受け入れる余裕もなくなって
　しまう。最終的に、人々は、どうすることもできなくなって倒れて
　しまう。しかし、そんな中で、そのボーダーに苦しんでいる人々に
　手を差し伸べようとする人（最初に呼びかける人）が登場する。そ
　の人物は、日本人かもしれないし、海外にルーツを持つ人かもしれ
　ない。あるいは、そのボーダーに縛られている当事者かもしれない
　し、そのボーダーとは無関係の心に余裕がある人物かもしれないし、
　これがふと目に入った人かもしれない。彼／彼女は、そのボーダー
　に苦しんでいる人と一緒にどうしたらよいのかを考えていく。する
　と、次第に、ボーダーに苦しんでいる人の心がほぐれ、その人に余
　裕が戻ってくる。周りの人の顔が見えてくる。見えてくるから、他
　の人とつながりを持つことができる。そのボーダーの問題を解決し
　ていくにあたり、1人でボーダーを解体することはできないが、彼
　／彼女たちは協力し、対話を通して相手のボーダーの理解を試みつ
　つ、新しいボーダーの構築を試みる。新しいボーダーが作られた後
　にも、依然として古いボーダーの問題は残っているが、それが、人々
　を引きつけ、結びつける。

　2つ目と3つ目のグループの劇には共通点があるため、2つ同時に検討を
試みます。

1) どちらのグループの参加者たちも、自分たちの劇の中で日本社会に存在する既存のルール、常識、価値観などが海外にルーツを持つ人々と日本人を分断し、その関係者全員に問題を引き起こしている事実を問題視する。そして、その問題によって人々が疲弊し、倒れる姿が描かれている。
2) その状況を一変するには、「最初に呼びかける人」が必要であることを提示する。この最初に呼びかける人は、希望そのものではないが、希望への第一歩を形成する。したがって、希望ある多文化共生社会を構築するにあたって必要不可欠な存在である。
3) 2つのグループの参加者たちは、希望ある多文化共生社会とは、コミュニティの全員（海外にルーツを持つ人々と日本人の両方）がそれぞれの声を聞き、お互いの個性を生かしていきながらともに新しいルール、常識、価値観などを作り上げていくことだと論じる。

　わたしは、はじめのほうの文章の中で、これら劇を通して「希望ある多文化共生社会の基本的な枠組み、もしくはコンセンサスのようなものを示されたのではないかと考えている」と述べましたが、この3つの共通点は、「希望ある多文化共生社会」を考える上での基本要素として捉えることが可能です。
　次に、2つ目と3つ目のグループの劇の違いについてです。

1) 2つ目のグループの劇には完全な自由が描かれており、それが人々の間に争いをもたらす可能性があることを示す。
2) 2つ目のグループの劇の場合、新しいルール、常識、価値観などが、相手が海外にルーツを持つ人々だろうと、日本人だろうと、関係なく助け合うことを可能にする。
3) 2つ目のグループの劇では、コミュニティに海外にルーツを持つ人々が加わるたびに、既存のルール、常識、価値観などが再構築されている。また、その再構築の過程は重労働ではあるが、同時に楽しいものであることが提示されている。
4) 2つ目のグループの劇が社会について語っているのに対して、3つ目のグ

ループの劇は、その社会の中にいる人間に焦点を当てている。

5）3つ目のグループの劇では、既存のルール、常識、価値観などが生み出す抑圧が、海外にルーツを持つ人々と日本人の両方の精神的な余裕と他者とのつながりを奪っている。

6）3つ目のグループの劇において、新しいルール、常識、価値観ができ上がった後も、問題は、依然として残っていることが示されている。

　この6つの違いは、2つのグループの劇の両方に登場したわけではないので、「希望ある多文化共生社会」を考える上での基本要素とは言えないけれども、一考する余地のある要素であることを示しています。

　この2つのグループの劇の希望は概念的で、具体的にそれがどういうものなのかが明確ではありません。また、本演劇のワークショップの振り返りにおいて、劇の中で描かれた可能性や希望が、結局のところ海外にルーツを持つ人に限らず、障害者にもLGBTQの人にも通じることではないかという批判があったため、後日、わたしは参加者にインタビューを実施し、この3つの基本要素と一考する余地のある6つの要素から成る概念的希望を参加者自身の文脈（生活）に落とし込んで考えることにしました。その結果、各参加者にとっての多文化共生社会の希望とはどういうものか、その実現に向けて各参加者がどのような行動を起こしていく必要があるのか、どのような内容の活動を組んでいくのがよいかなどが明確になりました。ただし、自分が置かれている今の状況や立場から実現が難しい面があることも明らかになりました。ここでは、3名の参加者のインタビューの内容を取り上げます。

3.2.1　ある中国出身の大学院生の場合

　ある中国出身の女性の大学院生は、薬屋でアルバイトをしていたときのことを紹介してくれました。当時、彼女は、そのお店で商品の場所などについてお客に質問されることがあったそうです。しかし、日本人のお客の中には彼女の日本語が流暢ではないことに気がつくと、早々に会話を切り上げてしまう人もいたとのことです。そのときのことを思い出して、彼女は、「外国人だとわかり、がっかりするのではなく、会話を続けてほしかった」と正直

な想いを話してくれました。問題はこのような多文化共生の問題を希望へと転換できるかということですが、今振り返ってみても、彼女は、アルバイトという立場上、自分との対話を諦めているお客様をわざわざ捕まえて話しかけるわけにもいかないし、それは難しいのではないだろうかと述べました。

> 立場ぜんぜん違うから、お客様にわたしの話をずっと聞いてくださいって言えないじゃないですか。この人なんなんだろうって思われる可能性もある。クビになる可能性もあると思うんですけど。（インタビューにて）

　続けて、彼女は、2つの体験を話してくれました。1つは、彼女は、近頃、地元のイベントに参加するようにしているそうです。自分から積極的にこのようなイベントに参加することで、日本人との対話を実現し、お互いの理解を深めたり、違いを認め合ったりすることができていると話してくれました。もう1つは、現在大学で体験していることについてです。彼女の指導教官は、さまざまな場所で日本人と海外にルーツを持つ人々が一緒に学ぶことのできる日本語や多文化共生の活動を展開しており、彼女はその活動の多くに参加し、日本人の参加者に向けて自分の考えを提示したり、ある内容について彼／彼女らと一緒に考えたりしているそうです。この体験を通して、彼女は日本人と海外にルーツを持つ人々が一緒に学ぶことができる学習の場を用意することが重要だと考えるようになっていると語ってくれました。そして、このように、イベントや活動の場で日本人と海外にルーツを持つ人々が一緒に作業したり、学んだりしたりすることが、希望の劇で言うところの対話を通したルール、常識、価値観を見直し、再形成することにつながるのではないかと説明します。その際、彼女自身の心構えとしてはそうしたイベントや活動に積極的に参加したり、「最初に呼びかける人」として自分で立案したり、またそのようなイベントや活動の中で積極的に日本人に発信し、そこで自分も日本人から学びつつ、海外にルーツを持つ人々との共生に対する日本人の理解の深化を手助けしていくことが、自分の役割であるとも述べてくれました。その上で、彼女は、そのような活動やイベントを通して多文化共生に対

第3部　2章　演劇ワークショップ　149

する理解を深めた日本人が、自分や海外にルーツを持つ人々がアルバイトをしている薬局に来てくれたら、そのときはきちんと対話ができるのではないだろうかと推測します。それが希望の劇を踏まえた上での彼女なりの希望ある多文化共生社会の構築であると、彼女は考えています。

3.2.2 こども文化センターに勤務するある韓国出身の職員の場合

日本に在住している韓国出身の女性は、自分が勤務するこども文化センターでの経験を話してくれました。このセンターがある地域にはさまざまな海外にルーツを持つ人々が住んでいるため、このセンターには、日本人児童に加え、海外にルーツを持つ児童も多く集まるそうです。また、この地域は特殊で、海外にルーツを持つ人同士でも色々ある場所のため、彼女は多文化共生を語るにあたっては、わたしたちの希望の劇で扱った「外国にルーツのある人々と日本人」という視点に加え、「外国にルーツのある人々の中の多様性」についても理解しておく必要があると説明しました。

まず、彼女は、自分がこども文化センターを中心にしながら他機関との連携を行っているという話をしてくれました。「センターを中心にする」とはどういうことかというと、彼女は、日頃、高校まで韓国で過ごした自分が多文化共生に関わっている意味は何だろうと考えており、そこから、センターでの自分の役割は、自分の経験や海外にルーツを持つ人々から聞いた話をセンターにやってくる人々に伝えたり、あるいは、センターにやってきた日本人の子どもが海外にルーツを持つ子どもに傷つくようなことばを言ったときに、「そういうことを言ってはいけないよ」と教えることではないかと考えているそうです。また、彼女はセンター内の子ども一人ひとりの行動に注意しながら、つまり、「自分の前で子どもが話していることや伝えようとしていること」、あるいは「子どもたちがどのように自分を含めた人々と関わろうとしているのか」を基盤にしながら活動を組み立てていると語りました。

このことを踏まえて、彼女は、このこども文化センターにやってくる海外にルーツを持つ子どもの中には、学校とセンターとの間で温度差を感じている子が多くいると話してくれました。彼／彼女たちにとっては当たり前のことが学校ではネガティブに捉えられることもあり、彼／彼女たちは、学校で

150 　第3部　2章　演劇ワークショップ

窮屈さを感じているそうです。そこで、彼女は、センターで海外にルーツを持つ子どもと日本人の子どもとが一緒になって自由に活動することができる時間を設けているとのことでした。このセンターは多文化共生を積極的に推進しているので、この場合、「最初に呼びかける人」は、センターと彼女の両方に当てはまると考えられます。例えば、以前、彼女はセンターで、子どもたちとお化け屋敷を作ったそうです。その際、彼女は、とくにルールを設けるといったことはせず、その日彼女が着てきた白いＴシャツに色のついた手形をつけてもよいなど、子どもたちに自由に遊ぶことを許可したそうです。ただし、もしその過程で子どもたちの意見がぶつかったときには、自分たちで自分たちの中にある共通点や違いを発見しながら、妥協点を見つけ出すことを要求したとのことでした。

　希望の劇には、2つ目のグループの社会体制に焦点を当てたものと、3つ目のグループの個人に焦点を当てたものがありました。そこで、わたしは2つ目のグループの劇の観点から、「学校に何かアプローチをしているのですか」と質問しました。一見、彼女の活動がセンターで完結していると感じたためです。その結果、彼女からは、自分たちは学校（社会体制）の変化よりも、子どもたち（個人）の変化に注目しているという回答を受け取りました。彼女としては、学校には日本社会のことを学習するという学校の役割があるので、このセンターでの経験をもとに子どもたちが自分たち自身で柔軟に対応して、学校とのバランスを取るようになることを望んでいるとのことです。むしろ、彼女としては、センターに子どもたちがいる今この瞬間の時間を大切にしたいし、子どもたちにもその時間を大切にしてほしいと説明してくれました。

　　このセンターに来ている子どもたちがいつの間にか巣立っていって出ちゃう。で、どんどん新しい子どもが入ってくる、っていう中で、正直なところ、ここでの関わりを大事にしたくて、わたしと一緒にいる瞬間を。だからこそ、学校を変えるというのではなくて、ここにいるときの関わりを大事にして、ここから巣立っていた後の、ステップを子どもたちに任せたいところがあるんですよね。（インタビューにて）

彼女は、人間が変わるにはそれなりの時間が必要なのではないかという疑問から、また子どもたち自身に学校（社会）を変えていきたいという意思があるのかどうかわからないので、センターの外に出たときに子どもたちが感じる外の世界との温度差をどうしていきたいかということについては、各子どもの判断に任せると語ります。しかし、逆説的に、そのような形で子どもたちにアプローチしていくことで、結果的に学校や組織や社会というものも、変わっていくのではないだろうかと補足してくれました。

　このように、このこども文化センターの職員の場合、希望の劇で言うところの対話を通したルール、常識、価値観の見直しや再形成は、センター内で海外にルーツを持つ子どもと日本人の子どもたちが一緒に活動をすることによって生じます。しかし、だからといって、多文化共生社会の希望が施設内に限定されたものかといえば、そうではなく、そこで海外にルーツを持つ子どもたちが、あるいは日本人の子どもたちが得た経験が、やがて彼／彼女らがセンターの外の世界で活発に活動しはじめたときに、もしかすると学校や組織や社会にも変化をもたらす可能性のあることを示しています。

3.2.3　大学に勤務するある日本人の日本語教師の場合

　大学に勤務するある日本人の日本語教師は、最初に、自分が担当する科目は定められており、その科目の性質上、その科目の中では多文化共生に関する働きかけ、つまり希望の劇で言うところの対話を通したルール、常識、価値観の見直しや再形成をしていく活動をすることが難しいと述べます。

　その上で、彼女は、現在「日本語を外国語として眺めてみる」という視点に関心を持っており、機会があれば「最初に呼びかける人」として、そして大学に勤めているという利点を生かして、日本語教員養成課程に所属する日本人学生ではなく、日本語を母語とする一般の日本人学生を対象に一般教養科目内などで「日本語を、国語としてではなく、あたかも外国語であるかのような視点で学習する」科目を指導してみたいと希望を語ってくれました。この科目を受講する日本人学生は、母語とは異なる視点、つまり外国人や海外にルーツを持つ人々との関係で日本語を再検討し、どのように日本語を使用していくのがよいのかを模索します。そして、実際に外国人や海外にルー

ツを持つ人々の視点や立場に立った日本語を扱える知識と技術を身につけていきます。

> そもそも自分の母語ではないことばを獲得していくっていうこと自体に対して、もう少しメタ的な視点を持っていることは、多分、社会に出た後に、いろんな母語を持つ人と接するときの1つの支援になるだろうと思っている。（インタビューにて）

　彼女は日本語教師なので、日本人学生に「日本語を、あたかも外国語であるかのような視点で学習する」ということを提案していますが、彼女は、他の母語でも同じことができるのではないだろうかと述べます。つまり、英語の先生が英語を母語とする学生や留学生を対象に英語を外国語であるかのような視点から指導したり、中国語の先生が中国語を母語とする学生や留学生を対象に中国語を外国語であるかのような視点から指導したりします。
　そして、ときどきそれらの講座の学生たちは合同授業を行います。その授業で、学生は自分のことば（母語）を「調整していく」ことを学びます。例えば、母国の異なるAとBの2人組がいます。AがBに話しかけますが、その際、Aは、Aにとって外国語であるBの母語を使用します。Bは、そのまま自分の母語でAに話しかけます。しかし、AはBが得意とするそのことばを上手に操ることができません。そこで、今度は、BがAの反応を見ながら自分のことばを調整し、Aが言いたいことを助けたり、自分が言いたいことがAに伝わるようにゆっくり話したり、ことばを別のやさしいことばに置き換えたりします。あるいは、学生は、相手が自分のことばをほとんど理解できていない場合には、身体を使ったり、知っている言語に変更したり、他の言語と混ぜたりと自分の持っている能力をすべて使用しながら伝え合うことを試みます。見逃してはならないのが、このとき、Aの側でも調整が行われている点です。例えばAは、得意ではない発音が含まれるBの母語の単語を回避しながら、Bに伝わる単語を選択して話をするといった調整を行っています。そして、その活動が終わった後、学習者たちは、なぜそれがうまくいったのか、あるいはうまくいかなかったのかなどを検討します。その際、

言語学の理論も学び、実践と理論を結びつけていきます。そして、その後には、再び実践を行います。

　彼女がこのようなアイディアを得るに至った理由の１つは、「インターナショナル」ということばにあります。昨今、人々はインターナショナルな人間になることが求められていますが、彼女は、インターナショナルの「インター」は「間（あいだ）」という意味にも関わらず、昨今の人材育成において、その「間」というものがあまり尊重されていないのではないかと疑問を抱くようになったとのことです。英語教育をはじめ、インターナショナルな日本人の育成においては、日本人学習者が、相手のことばや文化をなるべく間違いなく理解し、使いこなせるようになることが理想になっているのではないでしょうか。また、日本の人たちは、国内の留学生や海外にルーツを持つ人々に対して日本語を正確に覚え、使用することを求めすぎてはいないでしょうか。しかし、彼女は、完璧ではなくても相手に近づくことは可能で、「間」という考え方は、それを手助けしてくれるのだと主張します。

　しかも、彼女によれば、その間というのも、真ん中のみならず、相手寄りだったり、自分寄りだったりと色々な層があり、各層でどのように自分の母語を調整していく必要があるのか、そしてどのようなコミュニケーションが可能かを探っていく必要があるそうです。注意しなければならないのが、当然、相手の言語や文化について正確に理解する必要があるという議論が出るでしょうが、彼女は、相手の言語や文化について中途半端な理解のままでよいと述べているわけではなく、間を探る学習の中でそのような学習もしていくことになるだろうと説明します。

　まとめると、希望の劇では、新しいルール、常識、価値観の見直しや再形成を行うにあたり、個人が自分の考えを十分に表現することができるというのが重要でした。基本的にこれは海外にルーツをもつ人々の日本語能力があまり高くなくても、あるいは日本人が相手の言語を話すことができなくても、お互いに助け合いながら意思の疎通を図っていくことが前提になっています。では、この「お互いに助け合いながら」とはどういう意味でしょうか。この日本語教師が提案する「日本語をあたかも外国語であるかのような視点で学習する活動」の場合には、海外にルーツを持つ人々と日本人が、ともに

そこで使用していることばを調整していくことを指し示します。

4 希望ある多文化共生社会とはどういうものか

　本演劇ワークショップの参加者たちは、「国内に暮らす海外にルーツを持つ人々の希望、そして彼／彼女たちと日本の人々が共有可能な希望とはどういったものか」を議論し、そこから1つの可能性の劇と2つの希望の劇を創作し、発表してくれました。1つ目のグループは、現在、わたしたちは「日本と海外」、あるいは「日本人と海外にルーツを持つ人々」という枠組みで（対等的）多文化共生について議論を展開していますが、ゆくゆくは日本人と海外にルーツを持つ人々という枠組みを超えた新しい多文化共生について検討し、再定義していく必要があることを論じてくれました。残りの2つのグループは、その焦点は社会もしくは個人と異なりますが、内容が類似する劇を発表し、希望ある多文化共生社会とは、コミュニティの全員——海外にルーツを持つ人々と（海外にルーツを持つ）日本人の両方がそれぞれの声を聞き、個性を生かしていきながらともに新しいルール、常識、価値観などを作り上げていくことだと論じてくれました。

　そして、この希望の劇に浮かび上がった概念的希望を各参加者の文脈に落とし込んだときに、現実世界の話なので少し劇の内容との誤差は出てしまいますが、中国出身の大学院生は、海外にルーツを持つ人が働くような場で、日本人のお客が彼／彼女たちと会話をするときに、彼／彼女たちの日本語能力を理由に早々に話を切り上げてしまうのではなく、対等に話せるようになることが希望だと語ってくれました。韓国出身のこども文化センターの職員は、自分のセンターにやってくる海外にルーツを持つ子どもと日本の子どもが一緒に遊び、意見がぶつかったときには自分たちで自分たちの中にある共通点や違いを発見しながら、妥協点を見つけ出すようになることが希望だと説明してくれました。そして、大学に勤務する日本語教師は、海外にルーツを持つ学生と日本人の学生が自分のことばと相手のことばの「間」を感じ、相手が理解できるようにお互いのことばを調整していくことが希望だと述べてくれました。しかも、彼女たちはどうすればその希望を実現できるのかも

第3部　2章　演劇ワークショップ　　155

説明してくれました。このことは、わたしたちが劇の中で描いた多文化共生社会の希望が実にさまざまな形で展開していくことが可能であることを示しています。問題は、わたしたちがそれを実現するかどうかです。

　その意味で、この3つの劇の中でわたしが最も関心を抱いたのが、希望の劇の中に登場する「最初に呼びかける人」です。既存のルール、常識、価値観が問題を引き起こし、海外にルーツを持つ人々も日本人も倒れてしまったときに、どういうわけかこの人物だけは立ち上がり、ゆっくりと粘り強く周りの人たちに声をかけつづけ、希望への最初の「第一歩」を生み出しました。最初に呼びかける人が希望の構築に必ずしも直接関与しているわけではありませんが、この人物がいなければ、希望が誕生することはありませんでした。では、この人物はいったい誰なのでしょうか。色々な解釈の仕方が可能だと思いますが、わたしは、多文化共生の問題を他人ごととしてではなく、自分ごととして捉えるのであれば、これはわたし自身のことであり、多文化共生に疑問を感じて本演劇ワークショップに参加してくれた19名の参加者一人ひとりのことであり、やはり多文化共生に疑問を感じてこの著作を読んでいる読者の一人ひとりのことを指しているのはないかと考えています。つまり、希望ある多文化共生社会の誕生は、自分が置かれている今の状況や立場から実現が難しい場合もあるでしょうが、他の誰かではなく、自分が動くかどうかに左右されることを示唆しています。

参考文献
パウロ・フレイレ(2001).『希望の教育学』(里見実訳). 太郎次郎社.

執筆者プロフィール

松尾慎（まつお　しん）

東京女子大学　現代教養学部教授

多文化社会コーディネーター（多文化社会専門職機構認定）

大学卒業後、在バングラデシュ日本大使館に勤務した際、何も専門性がない無力さを痛感しました。その後、日本語教育に出会い、ブラジルやインドネシア、台湾、イランなど海外を中心に活動してきました。2009 年より現所属。もともとは移民社会における言語継承、言語管理に関する調査研究を行ってきました。研究者だけが利益を得るような搾取的研究を回避すること、また、すべての人が公正に参加できる社会づくりに貢献することを課題として研究や実践にあたりたいと思っています。2014 年 6 月に難民当事者からの依頼で日本語教室・活動 (Villa Education Center) を立ち上げ、毎週日曜日、難民やそれ以外の海外にルーツのある人々、学生たちと活動を継続しています。プライベートでは折りたたみ自転車を担いで日本各地で行われる自転車イベントに参加しています。皆さんの住んでいる町を駆け抜けたことがあるかもしれません！

山田泉（やまだ　いずみ）

にんじんランゲージスクール　校長

高校の国語教員を 4 年間勤めた後、国立国語研究所の日本語教育研修等を経て中国の語学大学に赴任しました。2 年間、家族で「外国人体験」をしたことが貴重な財産となりました。1984 年に帰国し、中国帰国孤児定着促進センターに勤務し、孤児家族をいかに日本社会が受け入れるべきか、日本語教育はいかにあるべきかを考える日々が続きました。その後、文化庁国語課を経て、昭和女子大学、大阪大学、法政大学等で留学生の日本語教育や一般学生の日本語教員養成等にかかわりました。専門は、日本語教育と多文化教育で、研究分野は移住外国人（移民）受け入れのための「多文化共生社会」のあり方に関する調査研究です。2018 年 4 月から現職。

田中宝紀（たなか　いき）

特定非営利活動法人青少年自立援助センター定住外国人子弟支援事業部　事業責任者

16歳で単身フィリピンの公立ハイスクールに留学。学生時代に立ち上げたフィリピンの子ども支援NGOによる国内事業として始めた日本語教室に、海外ルーツの中学生がやってきたことがきっかけとなり、2009年に子どもに特化した初期日本語集中教育事業を立ち上げました。2010年より現職として、これまでに30カ国、600名を超える海外ルーツの子ども・若者をサポートしている「YSCグローバル・スクール」を運営しています。近年は子どもたちの現状や課題を広く一般に伝えることを目的として、SNSなどを通した情報発信活動にも取り組み、Yahoo! ニュース、Webronza、ニッポン複雑紀行などさまざまなウェブメディア等で執筆しています。現在は「既存の社会的資源を多文化化する」ことを目指して、異なる社会的分野で活動する人々に対する働きかけに注力しています。

加藤丈太郎（かとう　じょうたろう）

早稲田大学大学院アジア太平洋研究科博士課程

大学時代、ロンドンで黒人家庭にホームステイしたことをきっかけに人種差別・移民問題の解決に関心を持ちました。NGOにて非正規滞在者（ビザを持たない外国人）の在留資格取得の支援に携わった後、2017年4月から大学院で研究を行っています。国際労働移動、国際社会学を専門としています。非正規滞在者、移民と難民の混在移動、移民政策に関心があります。小さな現場にこそ大きな課題があるという信念に根ざし、現場に足を運ぶ調査（質的調査）に重きを置いています。トランプ政権下で不安に怯える非正規移民の姿を見て「何とかせねば」と思い立ち、2018年8月から半年の予定でニューヨークに渡航しました。現地では移民支援団体の活動に参加しながら、非正規移民への調査を行っています。法政大学兼任講師、聖心女子大学非常勤講師として、多文化社会、非正規移民と難民の受け入れについて「参加型学習」で学生とともに考えています。

飛田勘文（ひだ　のりふみ）

早稲田大学坪内博士記念演劇博物館助教、博士（芸術教育学）

大学生の時に子どもや若者のための演劇に関心を持つようになり、大学卒業後の2004年に、その分野の専門知識と技術を修得する目的で渡英しました。エセックス大学の修士課程にて、当時ユニコーン・シアターの芸術監督であったトニー・グラハム氏に師事し、児童青少年演劇の歴史と演出について学びました。その後、ウォーリック大学の博士課程にて、ジョナサン・ニーランズ教授に師事し、ユース・シアターと演劇教育の理論と実践について学びました。2015年に帰国してからは、主に言語的・社会的・文化的差異があるなかでの芸術によるコミュニティの形成や共創をテーマとする実践と研究を重ねています。また、欧米の児童青少年演劇の戯曲の翻訳を行ったり、障がいを持つ児童を対象とする参加型演劇の演出を手がけたり、演劇を導入した日本語・英語教育、コミュニケーション教育、異文化間教育、多文化共生教育の教材開発や教員研修に協力したりもしています。

演劇ワークショップ参加者一覧

青柳菜央

Edgar S. Peláez M.

岡部有伽

加藤丈太郎

胡怡

高麗莉

寺岡モレノ眞奈美

内藤そよ香

中野洋子

中山由佳

新居みどり

西村由美

花崎攝

人見泰弘

黄浩貞

古川千種

毛海涛

森由佳子

山田泉

李思漢

多文化共生　人が変わる、社会を変える

2018年 11 月 24 日　初版第 1 刷発行
2019年 11 月 24 日　初版第 2 刷発行

編　著　者	松尾慎	
著　　　者	山田泉，田中宝紀，加藤丈太郎，飛田勘文	
発　　　行	株式会社凡人社	
	〒 102-0093　東京都千代田区平河町 1-3-13	
	TEL：03-3263-3959	
カバーデザイン	コミュニケーションアーツ株式会社	

ISBN 978-4-89358-952-1　©Shin Matsuo, Izumi Yamada, Iki Tanaka, Jotaro Kato, Norifumi Hida 2018
Printed in Japan

定価はカバーに表示してあります。乱丁本・落丁本はお取り換えいたします。
＊本書の一部あるいは全部について、著作者から文書による承諾を得ずに、いかなる方法においても無断で
　転載・複写・複製することは法律で固く禁じられています。